巴山蜀水

艾新全　陈晓林◎总主编

BASHANSHUSHUI SANXIANJIANSHE

第二辑

中国文史出版社

巴山蜀水

三线建设

BASHANSHUSHUI SANXIANJIANSHE

重庆市三线建设掠影 · 卷三

第二辑

陈晓林◎编著·摄影

中国文史出版社

第一章　重庆市沙坪坝区企事业单位

目录

第二章　重庆市双桥区企事业单位

巴山蜀水

三线建设

BASHANSHUSHUI SANXIANJIANSHE

重庆市沙坪坝区企事业单位

沙坪坝作为重庆主城一个最富有文化意味的区域，虽然其物理空间离我远了一点，但在我的记忆深处却很近很近。

自我降生在鹅公岩黄家码头、小憩于钢校之后，沙坪坝正街临街第二楼的一间破旧木屋，就是我记忆中父母在重庆安的第二个家。那时正值"文革"开始不久，重庆大学停课"闹革命"，我们一大帮小屁孩就弄一根长长的竹竿，沾上一点橡胶，在空旷的重大校园里捕捉"知了"……最美好的记忆是：一个偶然的机会，我在沙正街靠城区供电局的饮食店，买了一个热气腾腾的盐板肉包子，里面大部分是歌乐山的萝卜，零星一点盐板肉居然全是肥肉……那一缕香味香了我这一辈子。

沙坪坝还是我人生事业的起步之地。在国营重庆制药机械厂，我工作了整整17年，在那儿，我是建厂以来最勤奋的大学实习生；在那儿，我获得了重庆市"新长征突击手"的光荣称号；在那儿，我成长为本系统最优秀的劳服司经理和销售科长……在奋发图强中为企业创造财富的同时，也利用业余时间"投机倒把"，把自己铸成了当时中国最大的"封片大王""电话卡大王"，最后断然从沙坪坝的这只"铁饭碗"里"下海"……

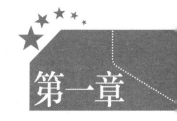

第一章

25年之后，我又在沙坪坝中渡口上了岸，从药一厂、红波厂、缝纫机厂开始"跑三线"，追寻着三线建设那个激情燃烧的岁月。我原以为沙坪坝是个文化区，涉及三线企事业单位不过20来家，但按四川省三线建设企业认定标准这把尺子量了80天，居然探索出了80多家企事业单位。除了浸透着抗战血脉的特钢厂、重无厂、嘉陵厂之外，还有非常纯正的大、小三线企业和与之血肉相连的配套单位，以及构造这些企业的众志成城的建设大军。

沙坪坝不仅仅是重庆市的一座文化大区，它还是一座三线建设时代包括国防科技在内的工业大区，是重庆市三线建设的一座还未开发的富矿！

第01节　重庆特殊钢厂

　　1972年，父亲带我从营山返回重庆之后，第一个走访的亲戚就是去看望住在井口的幺外公。幺外公一家五口人，家住在井口特钢医院下面一个不小的湾湾里头，那是一个小而全的社会，学校、医院、邮局、粮店、副食店……什么都有，几乎全部是平房。幺外公告诉我：不要小看我们特钢哟，我们厂的历史是非常悠久的。

重庆市优秀历史建筑
Heritage Architecture Chongqing
编号：2016GY004

重庆特殊钢厂旧址
Site of Special Steel Plant of Chongqing

建于1935年，开埠建市风貌建筑。现存原厂区南侧三组21间厂房，六座砖结构烟囱。该厂是西南地区最早的钢铁企业，抗战时期曾生产航空炸弹、手榴弹、掷弹筒及轻武器，为抗战胜利作出了巨大贡献。解放后生产特种钢材，为抗美援朝的胜利以及建国初期国民经济的恢复发展作出了重要贡献。

重庆市人民政府
二〇一七年四月

特钢、特钢厂，是当地重庆对重庆特殊钢厂的简称。该厂筹建于1919年，1935年动工兴建，它是西南地区最早建设的钢铁企业。1937年1月8日投产，炼出了西南地区第一炉电炉钢。1938年2月，参与了发起并创建了重庆市沙坪坝文化区。该厂负责人杨吉辉是文化区自治委员会委员。1939年1月，该厂被国民政府军政部定名为"兵工署第二十四工厂"。解放后，先后更名为"西南工业部第一○二厂""重庆第二钢铁厂""一○二钢厂"等。1978年11月，改称为"重庆特殊钢厂"。其主厂址在沙坪坝区的双碑，厂区占地面积为4平方千米。

抗日战争时期，该厂曾生产过飞机炸弹、手榴弹、掷弹

① 已经挂牌的重庆特殊钢厂建筑遗址
② 重庆特殊钢厂生产车间
③ 重庆特殊钢厂电炉车间

① 重庆特殊钢厂遗址
② 重庆特殊钢厂废弃的设备
③ 重庆特殊钢厂废弃的车间
④ 重庆特殊钢厂废弃的车间
⑤ 重庆特殊钢厂办公楼旧址

筒及轻武器，为抗日战争的胜利做出过杰出贡献。由于钢厂属于官僚资本企业，加上连年的战争，它的多种重要原材料依赖进口，致使该厂生产发展比较缓慢。至 1949 年，13 年间仅产钢 3.6 万吨，钢材 2.4 万吨，且仅生产 20 多个钢号。

重庆解放后，特别是三线建设之后，该厂经过多次改扩建和技术改造，具备了年产电炉钢 30 万吨，钢材 20 万吨，精密合金 500 吨的综合生产能力，为把重庆建设成为一个国家最重要的常规武器基地，它是一个重要的支撑点。

重庆特殊钢厂是一个为国防工业及机械、电子、石油、化工和轻纺等民用工业提供优质钢材和特种合金材料的骨干企业，是冶金部在中国西部确定的特殊和精密合金的重要生产基地。该厂有 6 个分厂、13 个生产车间和 1 座特殊钢研究所、1 座精密合金研究所。3 个炼钢车间安装有 5 吨、10 吨、20 吨电弧炉共 9 座。

特钢厂的锻压设备有 2 吨、

①

3吨、5吨，蒸汽锤各1台，引进的800吨精锻机1台，轧钢设备有10台套，全厂共有设备2935台（套）。主要产品有各种高速工具钢、不锈钢、轴承钢、合金结构钢、弹簧钢、合金工具钢、精密合金、优质碳素工具钢等系列产品。

　　特钢厂的钢材品种包括各种冷热加工的板、丝、带、型材、能正常生产的特殊钢钢种702个，此外还能生产各种耐火材料、铸钢、铸铁、铸钢件，一些轧辊和钢锭模等产品。除钢管之外，产品形成了比较完整的品种规格系列。

该厂还能根据国家尖端科学研究的需要，研究并生产出大批特殊用途的精密合金和特殊钢材，曾多次受到国家和有关部门的奖励和表扬。不少关键产品已经形成金贵的系列：如内燃机气阀用钢，其第一代质量产量均居全国前列；1980年获国家银质奖；第二代产品性能赶上或超过了国外同类产品，完全替代了进口产品，并为国家创造了大量的外汇收入。该厂还被冶金部确定为高速钢生产基地，这为日后的高速铁路的发展打下了坚实的基础。

　　1985年，特钢厂时有职工16859人，其中工程技术人员 876 人，拥有固定资产原值 27987 万元，净值 16719 万元。当年的工业产值 37574 万元，实现销售收入 36625 万元，利润 4641 万元，应为国之重器。

我的幺外公和幺外婆早已走了，我也有很长时间没有去过特钢了。自从"跑三线"开始，我又想起了非常耿直的幺外公一家人，想起了青少年时期心目中美丽的特钢。

① 重庆特殊钢厂废弃的车间
② 重庆特殊钢厂家属区一角
③ 重庆特殊钢厂家属区一角

第02节 国营嘉陵机器厂

嘉陵机器厂源于清朝光绪元年（1875年）江南制造局在上海西南郊龙华镇创建的龙华枪子厂。1932年，这家厂的机器设备先后被搬迁到浙江杭州、河南巩县、湖南株洲，于1938年4月最终内迁到重庆，筹建为军政部兵工署第二十五工厂。1949年8月，改为二十兵工厂嘉陵分厂。1958年6月，其第二厂名定为"国营嘉陵机器厂"（第一厂名为国营四五一厂），简称"嘉陵机器厂"或"嘉陵厂"。

工厂生产的军品先后有79毫米枪弹、12.7毫米和

14.5 毫米高射机枪枪弹等。它的民品有"嘉陵牌"摩托车、猎枪弹等。"嘉陵牌"摩托厂非常有名，还组织过跨地区、跨行业的"嘉陵牌摩托车经济联合体"，紧密联合单位有 11 家企业，并与全国 212 个企业建立了经济协作关系，联合后的1980—1985 年，其实现利润总额 5251.12 万元，上缴税金21860.31 万元。

在国家三线建设中，嘉陵机器厂先后为支援新厂建设和地方军工厂的建设做出过突出贡献：为新建七〇四、七八六、七一五等 6 个工厂代培工人、管理干部、技术人员 358 人；1964 年至 1972 年，先后输送职工 755 名（其中工程技术人员 52 名，管理人员 165 名，技术工人 538 名）到河南、山西、山东、安徽、江西、湖北、湖南、甘肃、西藏、内蒙古、陕西 11个省、自治区以及四川省内的

① 历史悠久的嘉陵厂一角
② 嘉陵厂地址标牌
③ 嘉陵厂的"根"

大、小三线工厂。

至 1966 年，嘉陵机器厂为 7 个地方军工厂培训职工 682 人，援助三线建设非标准设备 197 台（套），移交给重庆木材综合加工厂军品包装木箱整条生产线专用设备，机修配套设备共 56 台（套），以及木箱车间全部专用工具和主辅料，并职工 144 名。从 20 世纪 70 年代到 80 年代，还按国家相关部门的要求，向国内外对口企业提供了技术及批量的设备支持。

三线建设期间，为了节约国家有限的铜材消费，该厂积极投入了大量的人力物力和财力，实现了"以钢带铜"产业化生产技术，摩托车零部件由氰化镀锌改为氯化钾光亮镀锌等技术，先后获全国科学大会、兵器工业部、四川省、重庆市重大科技成果奖、发明奖、金质奖。

① 嘉陵厂老厂区街市
② 嘉陵厂老厂区住宅
③ 嘉陵厂老厂区办公楼
④ 嘉陵厂老住宅区
⑤ 嘉陵厂老住宅区

由于在生产、技术、管理、效益等方面所取得的突出成绩，嘉陵厂先后获得了国务院及相关领导机构授予的"大庆式企业""红旗单位""先进集体"等荣誉称号。1985年，该厂完成工业生产总值17169万元，利润总额1977.1万元，厂区占地面积187万平方米，固定资产原值7720万元，净值4766.8万元，拥有工业设备2450台（套），职工总数为6972人。

① 嘉陵厂新开发区
② 嘉陵厂老厂区外环境

第03节　四川省第五机械工业局

三线建设时期，国家集中力量在战略后方建立常规兵器工业基地，其中把建设以重庆为中心的常规兵器工业基地排在了首位，于 1964 年 11 月 10 日，国务院国防工业办公室批准成立第五机械工业部重庆地区筹备处，统一组织领导以重庆为中心的兵器基地三线建设。1970 年，五机部由中国人民解放军总后勤部管理后，随着体制的变化，由总后重庆办事处、五机部及其重庆地区筹建处共同派员，成立总后勤部重庆办事处常规兵器工业办公室，即"重庆

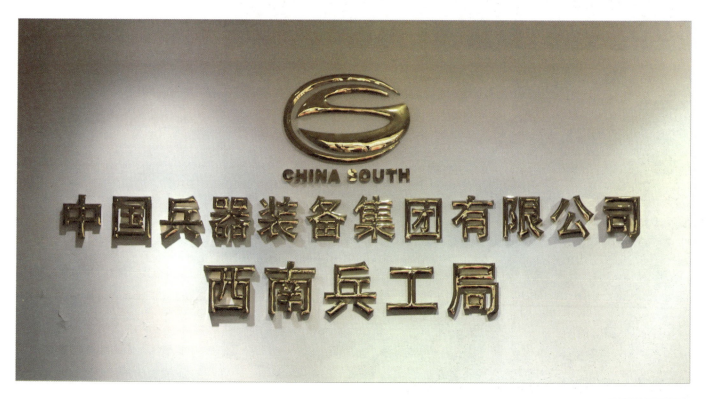

①

②

兵办"，其办公地址在现今的大坪长江二路，统一管理兵器工业在四川省的企事业单位。1973年6月，中央决定将四川的兵器工业交成都军区和四川省革委会领导，同年7月，重庆兵办改称"四川省第五机械工业局"。

四川省第五机械工业局局长由中共重庆市委书记冀绍凯兼任，设有办公室、综合计划处、财务处、劳动工资教育处、第一生产技术处、第二生产技术处、机动技安处、科研技术处、基本建设处、行政管理处、物资供应处、直属单位通讯站和汽车队，局机关编制140—150人。

1982年5月，五机部更名为兵器工业部，随之四川省第五机械局更名为兵器工业部四川兵器工业管理局（简称"四川兵工局"）。四川兵工局在兵器工业部的直接领导下，统一管理兵器工业部在四川的企事业单位，负责组织实施兵器工业部下达的各项计划及其他交办事宜。

1986 年 12 月 2 日，兵器工业部撤销，组建国家机械工业委员会，随即该局改名为"国家机械工业委员会四川兵工局"。1988 年，随机械委改制为机电部，该机构改称"机电部中国北方工业（集团）总公司西南地区部"。1990 年，北方工业（集团）总公司对内改称"中国兵器工业总公司"后，改名为"中国兵器工业总公司西南兵工局"。

③

④

① 四川省第五工业局办公楼
② 四川省第五工业局停车场
③ 四川省第五工业局住宅区
④ 四川省第五工业局库房

第04节 建筑工程部第二工程局

三线建设工程是由谁去建设和落地的，过去对这个问题涉及不多。故重庆三线两会予以了重点研究。

为了贯彻执行三线建设的方针政策，建筑工程部（以下简称"建工部"）决定集中全国之优势力量，抽调大批技术骨干，并自带相关装备前往重庆，支援国家三线建设。具体做法是：撤销原来的西南建设局，分别在成都、重庆、攀枝花、贵阳重新组建建工部直属的4个工程局，其中第二工程局设在沙坪坝渝碚路（原重庆建筑高等专科学校校

区，今重庆大学 C 区内），全局职工 2 万多人。

新组建的建筑工程部第二工程局结构比较复杂，除了包括原在重庆的西南建设局的 1 万余人之外，还有从外地抽调过来的渤海工程局、中南建管局三公司、建工部第三土石方工程公司、华北建管局直属工程处、建工部第一基础公司第三工程处，以及全建制入川的第一安装公司。1965 年 2 月，仅首批建工部渤海工程局由专列随带的主要设备就有 64 个车皮。外省来渝的队伍共计 1 万多人。

建筑工程部第二工程局首先成立了 7 个现场工程指挥部。分别负责下列单位的施工组织：国营红岩机器厂、国营重庆机床厂、国营陵川机械厂、国营平山机械厂、国营精密仪器修配厂、国营一坪化工厂、国营华光仪器厂。1966 年经中央军

① 建筑工程部第二工程局原大门
② 建筑工程部第二工程局办公楼
③ 建筑工程部第二工程局原址

委、国务院批准，将该局全员整编成基本建设工程兵——人民解放军建字第21支队。三线建设任务完成之后，这支队伍随后迁往河南省南阳市，不久划分为南阳的中国建筑总公司第七工程局，以及济南的中国建设总公司第八工程局。

① 建筑工程部第二工程局原综合楼
② 建筑工程部第二工程局原技术发展中心
③ 建筑工程部第二工程局原办公楼
④ 建筑工程部第二工程局原办公楼
⑤ 建筑工程部第二工程局家属住宅区

第05节　重庆无线电厂

国营重庆无线电厂于 1929 年 10 月始建于南京，系原国民政府陆海空三军无线电修理厂。1938 年因抗战迁至重庆。2000 年 7 月，该厂完成了股份制改造，正式注册为"重庆金美通信有限责任公司"。在 2015 年，经重大资产重组，金美公司成为中国航天科工集团下属三级企业。该厂位于沙坪坝杨公桥，占地面积 3.1 万平方米，总资产 10 亿元，现有职工 800 人。

重庆无线电厂是研制生产微波、超短波多路接力机，

①

① 重庆无线电厂全景图
② 重庆无线电厂综合楼
③ 重庆无线电厂现厂名
④ 重庆无线电厂生产车间

数字终端通信设备的骨干企业。在三线建设和后来的三线调整时期，该厂的主要产品有：

（1）超短波3路、6路接力机；

（2）PCM480路数字微波无人值守接入通信机；

（3）M4路、8路、16路数字终端机以及重庆人民最为熟悉的"金鹊牌"黑白和彩色电视机。

该厂致力于军用战术通信领域的研究，现已形成网络、有线、无线、终端和系统五大板块，包括系统交换、网管频管、通信车集成、测试保障、综合交换、网络控制等多个门类，300多个产品型号，曾经为抗美援朝和"两弹一星"作出过突出贡献。

① 重庆无线电厂生产车间
② 重庆无线电厂原址

第06节 重庆气体压缩机厂

重庆气体压缩机厂是重庆市机械工业管理局直属的一家中型企业。是国家定点生产气体压缩机的骨干企业。该厂的前身是公私合营华中机械厂，由20多家私营小厂在1955年底合并而成。1958年由南岸弹子石迁至沙坪坝上桥，1960年划归重庆钢铁公司，更名为"重庆钢铁公司第二机械厂"。1963年划归重庆机械局，更名为"公私合营华中机械厂"。

1964年，为了加强三线建设，一机部决定由沈阳气

重庆气体压缩机厂办公楼

①

②

体压缩厂内迁部分人员和设
备，充实、扩建该厂，且定点
生产军民两用中型气体压缩机。
1966年改名重庆东风机械厂。
该厂立志于不断地创新再创新，
1985年成立了压缩机研究所，
为企业进一步发展打下了坚实
的基础。

在"文化大革命"期间，
工厂发展非常缓慢，十余年时
间仅生产了3个系列的13个
品种的压缩机，平均年产量仅
有87台套。改革开放后，该
厂的生产获得了迅速发展，逐渐
实现了由单一的生产型企业转
向生产经营型企业，产品除满
足一般性经济建设需要和国家
重点建设配套外，还为国防工
业、航天工业提供了优质的配
套服务。

① 重庆气体压缩机厂挂牌
② 原来的产品展示厅
③ 重庆气体压缩机厂生产线
④ 重庆气体压缩机厂生产车间
⑤ 重庆气体压缩机厂生产设备

③

④

⑤

重庆气体压缩机厂生产设备

在对重庆市南岸区的地方史研究过程中，我们知道南岸区有一家从小发展起来的中型工业企业，叫华中机械厂。我们查了不少资料，亦问过不少专家学者，就是一直找它不到。2021年底，位于大足区的"红岩重型汽车博物馆"开馆时，来了很多重庆市内外的研究三线建设的专家学者，我们也没有获得华中机械厂相关信息，它到底在什么地方，现在叫什么名字？

2022年1月6日，我们来到重庆空气压缩机厂在沙坪坝上桥原三线建设时期的厂址，几位留守工作人员不仅把我们让了进去，还陪同我们在厂址转了一大圈。在和风细雨的交谈过程中，我们才终于搞清楚，原来华中机械厂就是今天的重庆气体压缩机厂，真是"踏破铁鞋无觅处，得来全不费工夫"。

陪同人员还告诉我们：1985年底，这家厂已有职工1761人，其中工程技术人员111人；拥有固定资产原值1283万元，净值392万元，主要生产设备300余台，其中大、精设备20台。全年完成工业总产值1254万元，实现利润147万元；产量达到了268台，且已形成了年产500台大、中、小型气体压缩机的生产能力。

第07节 重庆微电机厂

重庆微电机厂地处沙坪坝区化龙桥街56号（编者注：1995年3月1日，划归渝中区管辖），始建于1929年，有着漫长而深厚的制造各种微特机电的历史。该厂制造各种微特电机、驱动电机、控制电机、电子计算机外部设备用电机，家用成套电器电机和电动剃须刀等20个大类、200多个品种规格的产品，广泛应用于国防建设，国民经济各个领域，曾获全国科学大会、重庆科技成果奖6个奖项，部科技成果奖11个。

重庆微电机厂原址

　　重庆微电机厂利用自己独有的手摇发电机技术，开发研制了各种水力、风力和脚踏式小型发电机。该厂生产的空心杯电机，作为执行元件成功使用于我国发射的第一颗实验通信卫星上。为电子计算机外部设备配套，先后开发了磁带电机、电传打字机电机、大容量硬磁盘闭音圈电机、平面步进电机等。特别是其软盘主轴无刷直流稳速电动机的开发系国内首创，达到 20 世纪 80 年代国际同类产品先进水平。

　　该厂开发的民用洗衣机电机系列产品，已发展到 15 个规格，年产量达到 70 万只，为国内十多家洗衣机厂成功配套。1984 年，该厂引进一条年产 96 万只电动剃须刀生产线，产品畅销全国，且出口到美国和东南亚地区。

　　1985 年末，该厂拥有职工 1589 人，其中工程技术人员 178 人，拥有固定资产原值 1917.3 万元，建筑面积 6.9 万平方米，机电设备、重要仪器仪表 492 台（套）。1985 年的工业总产值为 1909 万元。

① 重庆微电机厂原址
② 重庆微电机厂原址
③ 重庆微电机厂原址
④ 重庆微电机厂原址

第08节　重庆地质仪器厂

　　重庆地质仪器厂是国家地质部为国家三线建设组建的一家新设企业。

　　经中央专委批准，北京地质仪器厂和上海地质仪器厂于1969年内迁部分设备和职工，在原重庆地质学校（编者注：位于沙坪坝区原井口乡二塘村）基础上组建重庆地质仪器厂，于1970年正式投产。1971年下放四川省地质局领导，1979年又收归地质部领导，在重庆由地质部委托重庆机械工业管理局代管。

①

重庆地质仪器厂是一个技术密集型企业。其产品品种多，生产批量小，更新变化快，技术要求高，市场销路窄，专业性很强。1970年投产后，由于"文革"的影响，生产和经济效益起伏很大。在生产技术发展上，建成投产初期以半导体技术为主，1975年开始研究制造大型精密仪器"数字地震仪"之后，带动了集成电路在企业的普及和应用。

1981年，该厂开始调研采用微处理技术，主要生产地震、电法、测井和放射性等4个系列的物化勘探仪器40多个品种。地震系列主要产品有浅、中、深层地震仪，该厂生产的有3～12道浅层地震仪，以及与之配套的2Hz到100Hz的数字地震检波器。其中SDJ-78型数字检波器，1982年起连续三年荣获部优和市优产品称号，

① 重庆地质仪器厂厂大门
② 重庆地质仪器厂现已是文物保护单位
③ 重庆地质仪器厂综合楼

②

③

年产量有 10 万只上下。

电法系列产品有 DJS-5 型微机激电仪为代表的 12 种电法仪器；测井系列有 JBS-1 型轻便数字测井仪为代表的 6 种测井仪器；放射性系列有 HYX-3 型微机荧光仪为代表的 8 种放射性仪器。

随后，该厂开发的民品 QZS-2B 型双轴微机数控钻床、QLG-1 型汽车事故记录仪、脑电图信号分析仪、QZW-1 型超高温灭癌仪等产品相继问世。

1983 年，该厂研发的产品 DDS-1 型甚低频电磁仪、JXY-1 型 X 荧光测井仪，获四川省重大科研成果三等奖。1985 年有 HYX-1 型轻便 X 射线荧光仪、FD-840 型四道自动能谱仪等 5 个新产品获国家经委金龙奖，之后的

JCX-1 型小口径三分量磁力仪、DZSM-1 型深层模拟地震仪、10Hz 检波器等 3 个产品获地质部发明二等奖。

1987 年底，该厂有职工 991 人，其中工程技术人员 187 人，管理干部 104 人；拥有固定资产原值 1342 万元；占地面积 17 万平方米，其中生产面积 2.9 万平方米；拥有各种机电设备 649 台，其中机床设备 148 台，电子设备 435 台，进口设备 113 台。1987 年完成工业总产值 939 万元，实现利润 76 万元，上缴利税 132 万元。

① 重庆地质仪器厂原民国遗址
② 重庆地质仪器厂原民国遗址
③ 重庆地质仪器厂家属楼
④ 重庆地质仪器厂原民国遗址
⑤ 重庆地质仪器厂篮球场

第09节　重庆汽车发动机厂

重庆汽车发动机厂是中国汽车工业公司定点生产重型汽车发动机的专业生产厂家，为全国机械工业骨干企业。该厂的前身为新建机械厂，创建于1951年，隶属于西南公安部。1954年，天兴机械厂、明亚机器厂等6家劳改企业相继并入，并迁至沙坪坝磁器口地区进行扩建。

三线建设开始后，1965年，从杭州汽车发动机等单位内迁支援职工300余人。1972年，该厂正式改名为重庆汽车发动机厂。1973年，重庆汽车配件厂所属油泵油嘴车间

①

① 重庆汽车发动机厂标志
② 重庆汽车发动机厂大门
③ 重庆汽车发动机厂办公楼

并入，其劳改人员和部分设备迁到四川省德阳市，该厂从此转为地方国营企业，划归四川省机械局领导。

1964年，该厂引进法国贝利埃公司柴油机制造技术，承担了为四川汽车制造厂"红岩"CQ261军用越野车配套任务。国家投资2930万元进行扩建，从此该厂走上了专业化生产重型汽车发动机的道路。

1981年该厂投资4700万元，又引进了美国康明斯两个系列的柴油机成套生产技术。1987年，该厂拥有职工2796人，占地面积49万平方米，主要设备748台，固定资产原值6700万元，全厂生产柴油机1126台，完成工业总产值7445万元，实现利润1030万元。

① 重庆汽车发动机厂综合楼
② 重庆汽车发动机厂生产区

第10节 重庆油泵油嘴厂

我去过涪陵的海陵内燃机配件总厂，去过成都市彭州的锦江油泵油嘴厂，它们都是著名的三线企业，也都是生产发动机重要配件油泵油嘴的，但它们均因为这样那样的缘由，垮了。2021年5月14日，当我们重庆三线两会来到坐落于沙坪坝井口先锋街的重庆油泵油嘴厂，看见它还雄姿英发的样子，真的有些替它高兴和祝福。

1967年，为了与重庆汽车发动机厂引进的车用重型柴油机配套，一机部决定在重庆汽车配件厂内筹建油泵油嘴

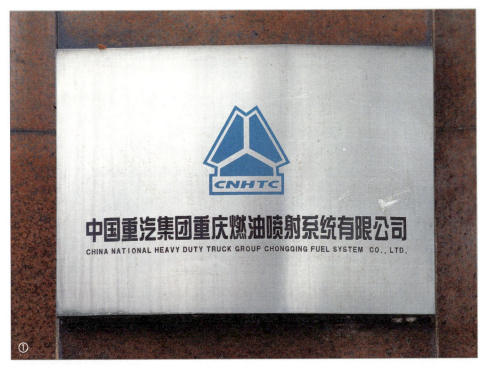

①

②

车间。1971 年，该车间由重庆沙坪坝红岩村迁至井口先锋街，同年完成主体工程建设，并投入了小批量的生产。1973 年，转隶属关系为重庆汽车发动机厂的分厂。1980 年，经一机部批准，独立为重庆油泵油嘴厂，成了一机部系统内、车用柴油发动机油泵油嘴的主要专业生产厂家。

1981 年，为了配合重庆汽车发动机厂引进美国康明斯公司柴油机制造技术，该厂承担了 PT 燃油系统的技术引进和产品制造。在"六五"技术改造中投资 1643 万元，建成高标准精密配件车间。在引进产品的同时，该厂的传统产品 6102-Z313 油嘴偶件，其技术指标已经达到日本同类产品标准，内长型多孔油嘴的产品质量居于国内领先水平。

1985 年，该厂生产的高压油泵总成 835 台，喷油器总成 2.85 万只，三对偶 6.01 万副。

① 改制后的重庆油泵油嘴厂
　标志厂名
② 重庆油泵油嘴厂办公楼
③ 重庆油泵油嘴厂生产车间
④ 重庆油泵油嘴厂遗址

第11节　重庆锅炉总厂

重庆锅炉总厂始建于1956年，原为私营保华电焊铁工厂、福裕机器铁工厂与万利祥、鸿发、联益铁工厂、中兴电焊社等6家小厂合并成立的公私合营重庆锅炉修造厂。1959年，大昌铁工厂、渝利翻砂厂先后并入，开始批量生产工业锅炉。三线建设开始后的1966年10月，该厂转为地方国营，更名为"重庆锅炉厂"。1973年，该厂开始研制燃气锅炉，1977年鉴定合格，并开始出口巴基斯坦、阿尔巴尼亚等国家。

①

20世纪80年代初，该厂开始生产链条锅炉，取代原来的抛煤炉，并形成了3个系列产品。在DEL型锅炉上，该厂应用了与重庆大学共同研制的"高效螺纹管传热"新技术，使其热能效率提高了3%～5%。2吨、4吨锅炉曾获国家机械委合格节能产品和重庆市科技成果奖、新产品"百花奖"和"节能成果奖"。

1985年，重庆锅炉总厂有职工1909人，其中工程技术人员145人。另设分厂1家，集体所有制分厂3家，还建有节能研究所和西南热工检测中心。1985年，该厂拥有固定资产原值1374万元，主要生产设备470台，其中大型设备30台。全年完成工业总产值3046万元，实现利润493万元。

① 改制后的重庆锅炉总厂现厂名
② 重庆锅炉总厂生产区
③ 重庆锅炉总厂生产的锅炉

第12节　重庆探矿机械厂

坐落于重庆沙坪坝区小龙坎的重庆探矿机械厂，是原地质部定点生产各型中、浅孔液压钻机、工程施工钻机、液压元件的专业厂家，为全国机械工业重点企业。

地质部为了响应国家三线建设的号召，召开专门的会议，于1966年从上海、北京、张家口、衡阳等地的4家探矿机械厂和无锡钻探工具厂，内迁部分职工，并利用原来的四川省地质局重庆探矿机械厂旧址和留下来的部分职工，一起新建了这座直属于地质部领导的骨干企业，并逐

①

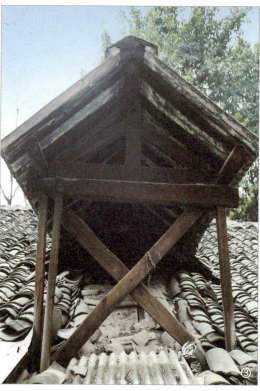

① 重庆探矿机械厂生
　活区老大门
② 重庆探矿机械厂综
　合办公楼
③ 重庆探矿机械厂区
　遗址
④ 重庆探矿机械老厂
　区车间

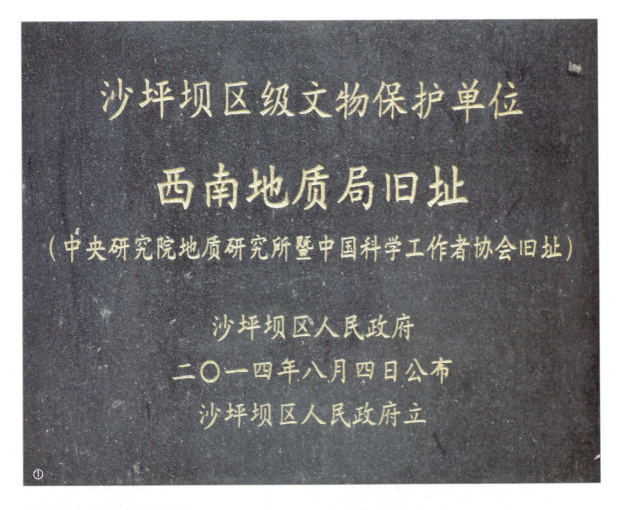

①

渐成长为一家著名的战备工厂。

建厂初始，国家先后投资了 736 万元。投产后，正遇"文革"，该厂 5 年生产处于亏损状况。党的十一届三中全会后，该厂才逐渐恢复了正常水平，并进一步获得了发展和壮大。

该厂的主要产品有：(1) 以中梁孔岩心钻机为主的系列产品（XU300-2A 型、XY-2 型、XY-2P 型、XY2-2Pβ 型钻机）；(2) GQ80 型、ZCY-30P 型工程钻机；(3) NY-100 型液压拧管机；(4) CB32 型、CB45 型齿轮油泵和油马达、多路换向操作阀等。此外，还加工各种圆弧直轮、承接制砂，铸钢及有色铸造。

1988 年，重庆探矿机械厂拥有职工 1386 人，其中工程技术人员 124 人，拥有固定资产原值 1928.6 万元，占地面积 10 万平方米，其中生产性建筑面积 4 万平方米，全年完成工业总产值 907.7 万元，实现利润 161.6 万元。

① 文物保护单位旧址标志
② 文物保护遗址
③ 文物保护遗址
④ 重庆探矿机械家属区

第13节 重庆交通机械厂

1997年，我买了一台当时最新的2000型桑塔纳汽车，并在重庆市公运驾校学车，取得了驾驶执照。在取得了驾驶执照后，每个月都要集中在重庆交通机械厂学习安全知识，所以我对这家厂还是比较熟悉的。

"跑三线"之后，于2022年11月10日来到了离别20多年的交通机械厂。该厂已破败不堪了。

从重庆探矿机械厂出来，我们先到交通机械厂的家属区转了一大圈，之后，来到了几乎保存完好的生产区。留守这个厂的保卫科长夏永，小我三岁，也是一位摄影爱好者，他陪我们在企业里一步三回头地走了又一个大圈，企业从前的点点滴滴仿佛又回到了我们眼前一样。

夏科长告诉我们：交通机械厂是重庆市交通局直接管理的一家中型企业，是国家定点生产中型汽车发动机的专业厂家。它的前身是国民政府交通部公路总局第五运输处重庆修理厂，始建于1946年4月。解放后，1953年划归四川省交通厅，更名为"四川省重庆交通机械厂"，1983年才下放给重庆市交通局的。

②

③

① 重庆交通机械厂大门
② 重庆交通机械厂办公楼
③ 重庆交通机械厂生产车间

①

②

③

④

三线建设以前，这家厂先从事汽车修理，后来转向生产60马力柴油机和100马力煤气机。该厂也曾于1960年5月试制成功仿"解放牌"汽车的"上游牌"汽车发动机。三线建设后，除成批量生产汽车发动机配件和车架、钢圈之外，于1970年试制成功并小批量生产过"工农牌"轻型2吨的载重汽车。最令夏永科长感到惋惜的是，该厂1981年试制成功并成批量生产的JT661A型"长嘉牌"客车，居然被四川省交通厅调给成都做去了。

1981年，四川省重庆交通机械厂研制成功了CA-10B（G）、CA-10C（G）改进型发动机，且在全国质量评比中名列第一，分别获得交通部、四川省优质产品称号。"到1985年，该厂拥有职工1618人，其中工程技术人员83人；拥有固定资产原值1082万元，净值580万元。全年完成工业总产值1265万元，实现利润285万元。"夏永科长如斯告诉我们。

① 重庆交通机械厂车间　　　④ 重庆交通机械厂车间
② 重庆交通机械厂厂区　　　⑤ 重庆交通机械厂家属区
③ 重庆交通机械厂车间　　　⑥ 重庆交通机械厂家属区
　　　　　　　　　　　　　⑦ 重庆交通机械厂车间一角

第14节　重庆轴承总厂

　　重庆轴承厂是全国轴承行业生产出口、军工产品的重要基地之一。

　　该厂的前身是私营合作五金机器厂，1928 年始建于江苏省嘉定县，1938 年内迁重庆。1949 年 9 月因该厂负责人胡厥文参加中国人民政治协商会议，被国民政府查封，工厂被迫停产。1950 年 2 月，奉重庆市军管会命令启封开工。1956 年，原私营新华铁工厂、震泰机械厂、合兴、福记等厂并入，成立公私合营重庆合作五金制造厂，同年 9 月更

①

名为重庆轴承厂。

三线建设前，该厂小打小闹，主要生产一些五金杂件、织机配件、铁路道岔，后来土法上马，试制成功含油轴承和滚动轴承。三线建设后的1967年，该厂成功试制出"红岩牌"重型越野汽车配套用的大锥角滚子轴承和军用航空轴承，被部、省统一规划，确定为生产军用轴承"2""7"类滚子轴承的主导厂家。

1978年，该厂建成轴承套圈热处理自动生产线和圆锥子轴承套圈磨加工可调自动化生产线。投产后效益显著，获四川省科技成果二等奖。

1985年，该厂有职工1261人，其中工程技术人员84人；拥有固定资产原值1381万元，净值806万元，主要生产设备350台（套）。全厂完成工业生产总值908万元，生产滚动轴承90万套，实现利润143万元。

① 重庆轴承总厂遗址
② 重庆轴承总厂地址
③ 重庆轴承总厂宿舍

第15节 重庆红岩汽车弹簧厂

重庆红岩汽车弹簧厂的前身是国民政府交通部汽车配件制造厂，始建于1938年。曾先后命名为中央汽车配件厂、五〇三汽车厂、第三军用汽车配件制造厂。解放后，由解放军二野后勤部接管，更名为二〇二厂。1954年更名为重庆汽车弹簧厂。1955年与綦江齿轮厂合并，成为该厂的锻压弹簧车间，1968年又独立成厂，且正式更名为"重庆红岩汽车弹簧厂"。

三线建设开始后，该厂率先试制成功具有国际先进水

①

① 重庆红岩汽车弹簧厂
现大门
② 重庆红岩汽车弹簧厂
标志
③ 重庆红岩汽车弹簧厂
办公楼
④ 重庆红岩汽车弹簧厂
生产厂区

①

②

平的形变热处理工艺，并开发出了油气悬挂、举升缸两个新产品。国家重点项目红岩重型汽车上马后，该厂的生产即转为以中型和重型汽车板簧为主，且能生产100多种车型用的、近300个品种的钢板弹簧。该厂生产的"红岩牌"钢板弹簧，喷上红色的油漆，从而以"红钢板"著称于全国，并有部分产品出口。

解放以后，特别是国家三线建设以后，国家累计给该厂的投资为1307万元，反过来该厂为国家创造利税达4172万元，为国家投资的2.2倍。

1985年，该厂拥有职工1255人，其中工程技术人员106人。全年完成工业总产值1815万元，实现利润686万元。现今该厂改制为重庆红岩方大汽车悬架有限公司，正在进行艰辛的浴火重生。

① 重庆红岩汽车弹簧厂车间
② 重庆红岩汽车弹簧厂设备

第16节 重庆汽车修配制造厂

重庆汽车修配制造厂前身协成银箱厂,始建于1930年。1952年由协成银箱厂等14个私营工厂合并组成,后又合并了中国工具厂、安昌汽配厂,1960年划入交通部管辖。其厂址位于红岩村。

建厂初期,该厂仅生产活塞销、钢板弹簧等汽车配件。1954年,由原一机部定点生产汽车液压制动泵、横直拉杆

重庆汽车修配制造厂办公楼

①

②

③

和转向臂的专业化工厂。1965年，国家投巨资对该厂进行技术改造，让其承担引进法国贝利埃技术的CQ261汽车的气动元件、有色铸件、转向杆臂件和螺旋弹簧的配套任务。

因为给共和国的"独生子"四川重型汽车厂配套，该厂坐拥了行业最完善的测试手段，且中国汽车工业公司重庆汽车气动元件研究室就设在该厂，担负着行业检测与鉴定，标准起草与制定，情报收集与研究，产品试验与开发等任务。1985年，该厂与联邦德国瓦布柯汽车制动器公司签订了《汽车气动元件设计、制造技术转让合同》，使其达到年产10万套世界一流气动元件制造能力。

1987年，该厂拥有职工2541人，其中工程技术人员245人，固定资产原值2551万

① 重庆汽车修配制造厂生产车间
② 重庆汽车修配制造厂生产车间
③ 重庆汽车修配制造厂生产车间
④ 重庆汽车修配制造厂生产车间
⑤ 重庆汽车修配制造厂生产车间

第一章 重庆市沙坪坝区企事业单位

①

②

元，占地面积 13 万平方米，主要生产设备 632 台，其中大、精、稀设备 42 台，进口设备 14 台，包括 600 吨压铸机、高压静电塑料粉末喷涂线、镀铜自动生产线等先进工艺，形成了为重、中、轻、微各型汽车配套的能力，能够生产转向杆臂总成、气制动元件和液压制动总成共 173 个型号的汽车零部件。1987 年，该厂完成工业总产值 1654 万元，利润 151 万元。

① 重庆汽车修配制造厂现名
② 重庆汽车修配制造厂厂区环境

第17节 重庆标准件工业公司

根据三线建设开始时 1964 年全国一机系统迁建会议决定和一机部"(65)机密计字 1984 号"批文,从 1966 年 4 月起,先后由上海标准件工业公司所属各厂的部分设备和人员内迁来渝,与重庆 3 家厂子组成重庆标准件总厂,在此基础上于 1979 年组建成立了统一核算的法人单位——重庆标准件工业公司。

重庆标准件工业公司原址

重庆标准件工业公司下属 11 家企业，其中全民所有制企业 4 家：重庆第三标准件厂、重庆第四标准件厂、重庆标准件材料改制厂、重庆标准件工具厂，其余 7 家为集体所有制企业。同时还拥有公司自己所属的标准件研究所、技工校、质量监督站和实习工厂，除了行业管理之外，还担负着重庆标准件行业的产品检测和质量鉴定任务。

该公司的标准件产品，除按国家标准组织螺栓、螺母、螺钉、销、键、木螺钉、墙板螺钉、汽车标准件等多种类别标准和非标准件生产之外，还可以按美国、英国、德国标准生产出口标准件。共计 80 个组距中的 60 余个组距，180 余个品种。由于该公司产品质量优良，品种齐全，

信誉良好，因此远销中国香港、远东、西欧和北美地区，1988 年组织出口了标准件 146.45 万美元。

随着市场经济发展和改革改制的深入，该公司定位转变向实体化企业发展，从 2013 年起，重庆标准件工业公司响应重庆市政府环保搬迁号召，加快了改革改制实体化步伐，其所属企业陆续搬迁到江津区双福工业园区和珞璜工业园区。2017 年 1 月，该公司转制为有限责任公司。2017 年 11 月，公司总部从九龙坡区二郎搬迁到江津双福。

① 重庆标准件工业公司遗址
② 重庆标准件工业公司遗址

第18节　重庆标准件工具厂

1965 年，一机部为了加强"大三线"建设，于 1966 年 8 月令上海标准件工具厂 52 名职工和上海和平模具厂 23 名职工内迁重庆，与原重庆标准件总厂模具车间合并，组建重庆标准件工具厂，其厂址在沙坪坝梨树湾。建厂初期，属重庆标准件总厂领导，年设计生产能力为 30 万件，建厂投资为 214 万元，其主要产品为标准紧固件用的螺纹

重庆标准件工具厂遗址

重庆标准件工具厂遗址

刃具，冷镦模及切边模，产品属指令性计划。

随着生产的发展和社会的需要，该厂先后研制了501切口铣刀和硬质合金镶片六角模。80年代初开始研制并批量生产自攻搓丝板、十字槽冲头和硬质合金元模。1986年，为了解决家用电器用自攻螺钉的需要，研制成功了自功锁紧螺钉搓丝板。该产品为国内首创，填补了我国标准件工具依靠外国进口的一个空白。1986年，该厂投资86万元，购进了当时国际上最先进的真空淬火炉1套，为进一步提高产品质量，打下了坚实的基础。

截至1988年底，重庆标准件工具厂拥有职工347人，其中工程技术人员26人；拥有固定资产原值419.26万元，主要设备216台，其中高精密机床7台；全厂占地面积24.6亩，其中生产建筑面积7551.5平方米。全年完成总产量52.62万件，完成工业总产值221.56万元，实现利润21.11万元。

1989年10月，据重庆机械工业局《重庆市机械工业概况》介绍，"该厂建厂二十多年来，总产量为991.91万件，累计完成工业总产值3104.5万元，上缴利税为763.87万元，为投资额的3.57倍，为国家建设作出了贡献"。

第19节 重庆第四标准件厂

重庆第四标准件厂的前身是在高滩岩的重庆凤鸣山机修厂，创建于1960年。1966年7月，根据一机部"(65)机密基字2082号"文件，由上海挡圈厂分迁职工73人、设备43台，与重庆凤鸣山机修厂合并组建重庆凤鸣山标准件厂，次年改名"重庆红卫标准件厂"，1980年再改名为"重庆第四标准件厂"，隶属于重庆标准件工业公司。

该厂新组建时，国家投资75万元，分工生产机螺钉、铆钉等紧固件2.4亿件，是时定员为154人。1981年以

重庆标准件工具厂生产车间

前，该厂产品单一，产量不多，企业长期处于微利和亏损状态。改革开放以后，该厂调整产品结构，开发了适销对路的中高档产品，使其生产能力达到了6亿件以上，使企业重获生机。

随后，重庆第四标准件厂除生产传统的机螺钉、铆钉之外，还能生产自攻螺钉、家用电器紧固件、墙板螺钉等产品。其产品质量稳定，除畅销全国各地之外，部分产品还进入了国际市场。

1988年底，该厂拥有职工361人，其中工程技术人员28人；有固定资产332.8万元，全厂占地面积17220平方米，生产用建面6627平方米，全年生产标准紧固件3.1亿件，完成工业生产总值390万元，实现利润46万元。

① 重庆第四标准件厂生产区遗址
② 重庆第四标准件厂生产区遗址
③ 重庆第四标准件厂生产区遗址
④ 重庆第四标准件厂生产区遗址
⑤ 重庆第四标准件厂生活区
⑥ 重庆第四标准件厂生活区

第20节　重庆红星无线电厂

20世纪80年代初，我在重庆制药机械厂任团委书记的时候，协助重庆医药局团委开办重庆市医药系统团干部的培训班，培训班的地点设在歌乐山上的林园，其联络工

作是我厂总工室的一位叫张常艳的女士帮我沟通的。她的父母及丈夫都在"林园"里面的重庆通讯兵工程学院工作。她告诉我，学院当中还有一座重庆红星无线电厂，可以去

①

参观实训。去林园搞团干培训条件是多好的。

重庆红星无线电厂主要研制和生产军用无线电台及民用无线电话机，先后研制和生产了以国产元件器件为主的 D 频段 JXD-11 型和 C 频段 JDD 型多种型号的无线电台、双工无线电话机、车载式无线电话机等移动通信设备。从 1970 年开始，该厂还生产了两路输出各 1 安培的稳压电源和多种镉镍电池的充电机、充电稳压电源、自动放电机等产品。

该厂注重新产品的开发，除 1982 年研制并生产全向天线和定向天线之外，还与煤炭科学研究院重庆分院共同研制了 AZJ·85 型和 AZJ·85B 型便携式沼气指示机报警仪，并于 1985 年 11 月通过煤炭部组织的生产鉴定。同年，重庆红星无线电厂拥有 318 名职工，固定

① 重庆红星无线电厂原址
② 重庆红星无线电厂原生产车间

②

①

②

资产原值 120 万元，占地 16704 平方米，拥有各种仪器设备 429 台，年产值 218 万元。

其实，重庆红星无线电厂的正式名称为"重庆通讯兵工程学院实习工厂红星无线电厂"。1986 年，随着通讯兵工程学院更名为中国人民解放军重庆通信学院，该厂也更名为"重庆通信学院实习工厂红星无线电厂"。

① 重庆红星无线电厂仓库
② 重庆红星无线电厂车间

第21节 重庆通信设备厂

重庆通信设备厂位于现今的大坪经纬大道，是邮电部直接管理的中型企业，是国家生产数字和模拟通信设备的专业化工厂。该厂创建于 1958 年 9 月，主要技术骨干来自上海电话厂、邮电部重庆供应站和重庆邮电局。1959 年，试制成功八一型十二路载波电话样机，不久又试制成功了阻抗匹配线圈等 7 种通信线路设备和元件，并形成了一定

重庆通讯设备厂原址

①

②

的生产能力。

三线建设开始后的 1964 年，在邮电部的大力支持下，由上海邮电一厂转移过来的 312-4 型载话终端机，1969 年以后，又相继试制成功 ZB320 载报机、电缆十二路载话机等产品。直至 1975 年，该厂决定把当时具有国际先进水平的 PCM30/32 路终端机作为主攻方向，逐渐成了国内第一个制造数字通讯设备的专业厂家，并先后获得全国科学大会成果奖和国家经委"金龙奖"。紧接着，重庆通信设备厂完成了 PCM 多形架一、二、三次群生产样机的试制任务，达到 80 年代初的国际先进水平。

到 1985 年底，该厂拥有正式职工 1443 人，其中工程技术人员 165 人，拥有固定资产原值 1177 万元，净值 653 万元，全年完成工业生产总值 1648 万元，实现利润 316 万元，能生产 4 大类、共 67 个规格的通信设备及其产成品。

① 重庆通讯设备厂原址
② 重庆通讯设备厂原址

第22节 重庆第二电机厂

重庆第二电机厂的前身是西原电机厂，创办于1950年10月，先后由13家私营企业合并而成。1956年1月，与联工电器厂合并，定名为公私合营重庆西原电机厂，1958年更名为"重庆第二电机厂"；其厂址在化龙桥。

建厂初期，主要生产对开机、四开机、圆盘机等印刷机器，且修理电机、电器和仪表。三线建设以前，开始生

改制后的重庆第二电机厂

①

②

产开关板、互感器、闸刀开关、吊风扇、变压器、交直流电机和吊车防爆电机。

1966年，为了加强三线建设，由上海南洋电机厂和上海五一电器厂分迁职工174人、设备33台，国家投资95万元，扩建防爆电机车间和军用功率扩大机车间，使生产规模得到进一步的扩大，成为国家在西南地区生产冶金吊车电机、矿山防爆电机和军用扩大机的定点厂，形成了年产交流电机2.6万千瓦，军用扩大机1000台的生产能力。与此同时，该厂还下属了重庆电线厂、川江电机厂、嘉陵电机厂等分厂。

从1980年开始三线调整，除了原来所属的分厂独立出去之后，该厂首先在国内试制了船用绕线型起重用三相异步电动机、YB新系列电机，且获得了机械工业部科技成果二等奖。

1985年，该厂有职工1496人，其中工程技术人员110人，拥有固定资产原值907万元，净值331万元，机床设备173

台；全年完成工业总产值 1560 万元，实现利润 204 万元。

1986 年，重庆第二电机厂更名为"重庆特种电机厂"。2016 年 6 月，已经改制为重庆特种电机厂有限责任公司的重庆特种电机厂，被重庆赛力盟电机有限公司以 1763.07 万元入主取得 65% 的股权，重庆特种电机厂原唯一股东重庆机电集团退居第二。

① 改制后的重庆第二电机厂挂牌
② 改制后的重庆第二电机厂生产车间一角
③ 改制后的重庆第二电机厂物流系统
④ 改制后的重庆第二电机厂生产车间

第23节　重庆磨床厂

在我"跑三线"达300家的时候，重庆市团商企业家协会准备对我进行一次现场采访，大概是被我的忘我付出所感动吧？于是我们相约于2021年5月14日，一块儿来到了位于沙坪坝区井口的重庆磨床厂，实地考察调研。

当天由重庆市江北区原区长欧茂林带队，一大早就到了重庆磨床厂，它的办公大楼和原来苏联援建的教学楼部

①

① 重庆磨床厂主管单位二机校
② 现已是文物保护单位之挂牌
③ 调查组采访老同志
④ 二机校教学楼一角

第一章 重庆市沙坪坝区企事业单位

①

分，这些建筑显得欧化而典雅，其中办公大楼的四个角，还挂着昔日的大喇叭，仿佛还保留着昔日的洪亮和高亢。我们还遇到了一群从成都和外地赶过来的老人，原来是从重庆第二机械工业学校毕业的六七位"老同学"，他们是来追忆那段激情燃烧的岁月的。

专家学者们考察三线建设，一般都带着课题，考察的内容也比较专业，同时就比较狭窄。我们就大而化之多了，没有那些条条框框的。

重庆磨床厂是原一机部在全国定点的生产磨床的专业厂家。1987年就有正式职工858人。磨床厂原为重庆第二机械工业学校（下文简称"二机校"）的实习工厂，1958

年开始生产产品，当时取名"重庆喜滨机器厂"，为二机校附属工厂，同属四川省机械工业厅领导。1969年下放重庆机械局后，二机校撤销该厂，得以独立办厂，改名为重庆磨床厂。

自1958年开始产品制造以来，该厂先后生产了四爪卡盘、活塞环、蒸汽泵、G72-1油压锯床、C6128车床等。1960年开始生产M115W万能外圆磨床，成为磨床定点生产厂家。

三线建设之前，重庆磨床厂生产的产品单一，年产量也只有区区的70台。三线建设开展以后，被纳入了与重庆兵器工业基地配套的机械制造工业体系，成了国家三线建设资金重点支持的技改扩能企业。借此东风，该厂陆续开发出 MQ1420、M1450A 外圆磨床、3N4372、3M4325 圆锥滚子球端磨床等 4 个品种，年产量达到了 170 台。

再后来，为了适应国防工业和市场之需要，重庆磨床厂又开发了 80J103 不锈钢扳砂磨机，SZB、B0180 灯头玻璃压制联动机光学零件组合机床，BY60100 液压牛头刨床，B601 毛纺捻纱机，B583 毛纺细纱机等产品。其中磨床还有少量出口。

1987 年，该厂拥有职工 858 人，其中工程技术人员 71 人；占地面积 15 万平方米，其中生产建设面积 1.48 万平方米；固定资产原值 627 万元；主要生产设备 160 台，拥有搪孔滚压一次成形加工、冷轧丝杆等先进工艺设备。生产外圆无心、曲轴、汽阀、挺杆、齿

① 重庆磨床厂生产区
② 重庆磨床厂生产车间
③ 重庆磨床厂生产区

①

②

轮端面 6 个大类，9 个型号、11 个规格的磨床。

"我们厂 1973 年随二机校的恢复，一起收归四川省机械工业局领导，虽仍为二机校附属工厂，但厂领导属四川省机械局直接配备，大家还很服气。1975 年下放重庆市机械局领导，厂领导班子的配备就一年不如一年了。1987 年我们厂生产磨床 227 台，产值却只有 295 万元……"磨床厂下岗职工说道。

① 重庆磨床厂厂区环境
② 重庆磨床厂厂区环境

第24节　重庆水泵厂

重庆水泵厂的前身是 1951 年由几家小厂合并而成的公营前进灭火机厂，隶属于民航西南分局。1952 年划归重庆市企业局领导。1953 年，由市中区中山三路迁至沙坪坝区小龙坎。1955 年更名为"地方国营重庆消防器材厂"。1956 年，私营日升机器厂、美孚机器厂、惠康翻砂厂相继并入；1957 年开始生产水泵，正式改名为"重庆水泵厂"。

重庆水泵厂原址

①

②

③

因国家地质、冶金行业勘探需要，该厂在1955年仿制了三重式电动往复泵且取得成功，除较好地满足国内市场需求之外，先后外援越南、朝鲜等多个国家。1956年，该厂又发展了低压离心泵。1957年，转为专业生产水泵后，进一步发展多级离心泵和罗茨重轴泵。1977年以后，该厂生产的2DT-20/35泵填补了国内空白，并获1978年全国科学大会奖和1979年国防科委三等奖。

80年代初，重庆水泵厂集中力量，除努力开发国防及核能所需泵类以外，还发展民品主导产品——计量泵，先后研制成功ZJ-16/1000超高压计量泵（荣获1978年科学大会奖）、JDD-1000/25 III-V电控计量泵。后者用于远距离操纵，填补了国内空白，获1983年国家科委"全优奖"。

至1985年，重庆水泵厂拥有职工1320人，固定资产原值1070万元，净值574万元，全年完成工业总产值1086万元，实现利润237万元。

① 重庆水泵厂家属区
② 重庆水泵厂设备
③ 重庆水泵厂门牌地址
④ 重庆水泵厂门牌地址
⑤ 重庆水泵厂挂件

第25节　重庆制药机械厂

重庆制药机械厂位于沙坪坝正街，是国家医药管理局定点生产搪玻璃设备和制药机械的专业厂，也是西南地区最大的制药机械企业。1987年被国家机械委列为全国机械工业重点企业之一。

该厂的前身是重庆医药工业公司安装队，三线建设时期重庆制药行业全行业实行扩能后，于1965年经中国医药工业公司重庆分公司批准筹建，并于1969年更名为重庆制药机械厂。

①

建厂初期，重庆制药机械厂仅有320平方米的厂房，75位正式职工，主要的工作就是为重庆地区各制药厂安装设备。1969年开始生产500L搪玻璃设备和制药机械。随着企业的发展，搪玻璃设备已经做到了8000L及以上，制药机械的拳头产品主要有仿制德国波殊公司的大输液生产联动线和仿瑞典公司的大输液无菌消毒柜，以及化工一二类压力容器。

1987年，该厂拥有正式职工800余人，其中工程技术人员96人，拥有固定资产原值878万元，占地4.9万平方米，拥有主要设备204台并自制的1250吨油压机，600千瓦电炉。全年完成工业总产值711万元（1980年不变价），全年产量971吨，实现利税154万元。再后来由于企业管理用人失当，终于2000年破产走向倒闭。

① 重庆制药机械厂原大门
② 重庆制药机械厂家属楼
③ 重庆制药机械厂住宅区

第26节　重庆铸造机械厂

重庆铸造机械厂的起源可以追溯到清朝末期。

清光绪三十四年（1908年），清政府在农工商部设立度量权衡局，又建设度量衡器机器制造厂（后称"度量衡制造所"），并附设手工场，制作民用尺、斗、秤，于宣统二年（1910年）开工。1915年，被国民政府组建为"权度制造所"（后来改组为北平度量衡制造所）。1933年，北平

①

度量衡制造所迁往南京，与在南京的第二度量衡制造厂合并。1938年，内迁重庆。1944年更名为"重庆度量衡制造厂"。

重庆解放后，划归重庆市企业局领导，并将重庆盘溪机器厂并入，更名为"地方国营重庆度量衡制造厂"。1966年更名为"重庆铸造机械厂"。其厂址在化龙桥黄桷村。

重庆解放时，该厂仅有职工17人，先后生产过台秤、案秤、地秤、量尺、分析天平、压力表等产品。在"大跃进"时期，开始生产矿山洗选等非标准设备，同时还生产了一些轻工、食品机械。三线建设开始后的1964年，获国家定点且开始专业化生产铸造机械的资格，从此以后，逐步形成了研制生产多品种、小批量铸造机械的综合生产能力。

在"六五"期间，重庆铸造机械厂先后共开发新产品35

① 重庆铸造机械厂综合楼
② 重庆铸造机械厂地址
③ 重庆铸造机械厂大门

重庆铸造机械厂废弃的办公楼

种。有多项产品获部、省科技成果奖，其产品且行销全国各地，并出口到巴基斯坦、朝鲜、柬埔寨等 9 个国家。

1985 年末，重庆铸造机械厂有职工 1013 人，其中工程技术人员 86 人，拥有固定资产原值 725 万元，净值 387 万元。全年完成工业生产总值 603 万元，实现利润 117 万元，生产各种铸造机械 200 余台套。

第27节　重庆市汽车修造总厂

重庆市汽车修造总厂位于大坪，其前身是公私合营重庆汽车修理厂，是由原国营建设汽车修理厂和28家私营修理厂（社）于1956年合并组建而成，时有职工280人，隶属于重庆市交通局。1958年8月，并入重庆市汽车运输公司汽修厂。1959年2月，又将重庆市公共交通公司的制造车间并入，并定名为"重庆市汽车修理厂"。1960

重庆市汽车修造总厂原址

①

②

年、1963 年又分别将市中区两江汽车修理厂、小龙坎汽车修理厂并入。三线建设刚开始时的 1965 年，正式合并成立重庆市汽车修理总厂。1985 年 1 月，更名为"重庆市汽车修造总厂"。

建厂初期，以修理汽车为主；逐渐发展之后，能进行一些汽车零配件的生产和汽车改装。三线建设开始之后，该厂开始了"修造并举"的工作方针。从 1979 年开始，试制"山城牌" 130 轻型货车，根据市场需求，对轻型货车进行改进和定型，并努力完善了"渝州牌"系列多用途客货两用轻型汽车，并于 1983 年荣获重庆市新产品"百花奖"。

1985 年，重庆市汽车修造总厂拥有职工 1710 人，其中工程技术人员 93 人，固定资产原值 990 万元，净值 582 万元；主要设备 600 多台套，形成了年产 2000 辆轻型汽车的生产能力。当年实际完成轻型载货汽车 657 辆，全年完成工业总产值 2146 万元，实现利润 593 万元。

当年我们重庆制药机械厂大集体就拥有了一台"渝州牌"双排座轻型汽车，我还经常找该厂领导借出，开展共青团活动。

① 重庆市汽车修造总厂遗址
② 重庆市汽车修造总厂遗址
③ 重庆市汽车修造总厂遗址
④ 重庆市汽车修造总厂遗址

第28节　重庆五一机床厂

重庆五一机床厂的前身是公营重庆搬运公司五一机器制造厂，于1951年由4家私营小厂合并建成。1953年，国家劳动部投资15万元，将该厂购买，改称"地方国营五一机器制造厂"。1965年隶属重庆市经委，1969年定名"重庆五一机床厂"。其厂址在大坪石油路。

该厂建厂初期，主要生产铁椅、屋架、织布机、切面

①

机、水泵等产品。1955 年试制成功 736 型牛头刨床，1957 年投入批量生产，并成为一机部定点生产牛头刨床的专业生产厂家之一。

随后，该厂生产了 Z2118 立式钻床，C630 车床，B5020、B5050K 插床，B2152、B2016A（4 米）龙门刨床，B635、B635、B6080、BY60100、BD6063C 型牛头刨床等 10 多种通用机床。改革开放之后，逐步由生产型企业转变为市场化企业，且进一步加强了企业管理，强化了产品质量，终使其产品行销到全国的 29 个省、市、自治区。

1987 年，重庆五一机床厂拥有职工 791 人，其中工程技术人员 45 人，占地面积 9.12 万平方米，拥有固定资产原值 750 万元，主要生产设备 375 台。全年完成工业总产值 382 万元，生产各型机床 671 台，实现利润 62 万元。其主导产品为 B665 牛头刨床和采用国际标准生产的 BD6063C 型牛头刨床。

① 重庆五一机床厂综合楼
② 重庆五一机床厂遗址
③ 重庆五一机床厂正在拆迁中
④ 重庆五一机床厂正在拆迁中

第29节　重庆第三机床厂

　　重庆第三机床厂是原一机部定点生产组合机床及其通用部件以及切断机床的专业厂家。

　　该厂的前身为国营兴华机器厂，是第二机械工业部重庆第二机械制造学校的附属工厂。创建于 1956 年。1958—1963 年相继隶属于电机部、一机部、四川省机械工业厅领导。1963 年重归一机部领导，作为附属工厂划归重庆机器

①

制造学校。1970 年，一机部决定"改校为厂"，定名重庆第三机床厂。其厂址在谢家湾。

　　建厂之初，先后生产了台钻、皮带车床、电机、砂轮机、活顶尖等产品。1970 年试制成功立式铣床、液压弓锯床。1975 年开始试制 HY 系列液压滑台等组合机床通用部件。1977 年以后，该厂陆续自行设计、制造组合机床生产设备。并通过技术改造后，先后开发生产出 IHY 系列、SEHY 系列液压滑台和 SEME 系列机械滑台以及 G7025A 弓锯床等。其中，IHY 系列液压滑台获中国机床工具博览会"春燕奖"，SEHY 系列液压滑台获重庆市新产品"百花奖"。

　　1987 年底，重庆第三机床厂占地面积 5.5 万平方米，其中，生产性建筑面积 1.18 万平方米；固定资产原值 665 万元，主要生产设备 186 台，其中包括进口精密导轨磨床以及导轨中频淬火机等关键设备；拥有职工 806 人，其中工程技术人员 63 人。全年生产锯床 522 台，通用部件 786 台，完成工业总产值 603 万元，实现利润 127 万元，形成了锯床和通用部件两大类、8 个品种、44 个规格，年产 1600 台的综合性生产能力。

① 重庆第三机床厂原址
② 重庆第三机床厂原址
③ 重庆第三机床厂原址

第30节　重庆高压开关厂

重庆高压开关厂是原一机部定点生产高压开关的专业厂。其前身是 1958 年 8 月国家投资组建的一家社会福利企业。

1964 年，国家对重庆机械工业进行了系统性调整，调整后该厂定点生产铁壳开关，并纳入了国家计划，于 1966 年 8 月改厂名为"重庆红岩电器开关厂"，开始生产高压

①

隔离开关、高压负荷开关、高压熔断器。1983 年 4 月，改名为重庆高压开关厂，厂址位于化龙桥。

据 1993 年四川辞书出版社出版的《四川省志·机械工业志》第 177 页记载："1980 年，重庆高压开关厂开发出户外多油断路器、防污型跌落式熔断器，1981 年设计制造出防污户外单极高压隔离开关；1983 年经一机部电工局组织验收，全部达到 IEC 标准。"同年，该厂试制出了 110 千伏户外高压隔离开关，经鉴定投入批量生产。1985 年试制出 220 千伏户外隔离开关，并接受国家指令性计划。

1988 年，重庆高压开关厂拥有职工 539 人，其中聋哑人 173 人，其他残疾人 50 人，工程技术人员 34 人；拥有固定资产原值 398.2 万元，主要生产

① 改制后的重庆高压开关厂生产区
② 改制后的重庆高压开关厂生产车间一角
③ 改制后的重庆高压开关厂厂区环境

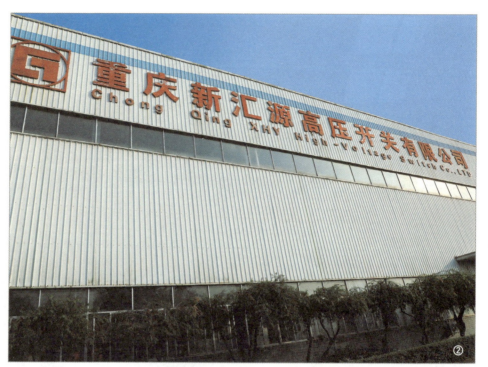

设备 181 台（套），占地面积 7.3 万平方米。具备 110 千伏高压开关生产及检验能力，220～330 千伏高压开关出厂检验设备正式安装调试。主要生产产品共 4 大类、21 个系列、117 个规格。全年生产高压开关和高压熔断器共 1.26 万台（套），实现利润 129.9 万元。

① 改制后的重庆高压开关厂生产车间一角
② 改制后的重庆高压开关厂

第31节 重庆农药器械厂

早在 1958 年 9 月，重庆市农林局就在沙坪坝的井口，投资筹建了一家专业化工厂；1959 年正式投产后，定名为"重庆市农业机械制造厂"。1960 年及次年，重庆市中区和平汽车修理厂和重庆市机械工具厂先后并入该厂。1962 年，第八机械工业部把它定为生产植保机械的专业化工厂。1966 年，更名为"重庆农药器械厂"。

重庆农药器械厂大门

① 重庆农药器械厂加工车间一角
② 重庆农药器械厂加工车间一角
③ 重庆农药器械厂库房
④ 重庆农药器械厂厂房一角
⑤ 重庆农药器械厂生产区

该厂自 1960 年试制生产压缩式喷雾器、1962 年定向生产植保机械以来，先后生产过 552 丙型、WD-0.5 型丰产-5 型、山城-14 型和工农-16 型等型号手动喷雾器。其中工农-16 型铁壳手动背负式喷雾器，于 1980 年荣获四川省优质产品称号，于 1982 年获机械工业部优质产品荣誉。

自 1964 年三线建设开展之后，经过几次国家投资进行技术改造，重庆农药器械厂生产能力逐步扩大，生产规模得到相应发展。从 1965 年起，在研制 X30 型机动喷雾机的基础上，该厂发展了 PJ-15 喷浆机、食品泵以及 FH-5 木材防护机等机动喷雾机的派生产品。1982 年，FH-5 木材防护机获四川省科技成果四等奖。

至 1988 年底，重庆农药器械厂累计完成工业总产值 8423.4 万元，生产手动喷雾器 280 余万具，其中出口 37695 具；机动喷雾机及其派生产品 10223 台，喷雾器配件 2114.78 万件，为夺取农业丰收，出口

④

⑤

创汇作出了一定的贡献。

据 1989 年重庆市机械工业局编著的《重庆市机械工业概况》介绍，该厂占地面积为 5 万余平方米，其中生产建筑面积 15290 平方米，1988 年全年完成工业总产值 552.8 万元，生产手动喷雾器 19.5 万具，其中出口 8769 具，机动喷雾器 1012 台。

① 重庆农药器械厂加工车间
② 重庆农药器械厂加工区一角

第32节　重庆塑料电线厂

　　重庆塑料电线厂的前身是公私合营联系塑料厂。它始建于1956年，由南华化工厂、新华化工厂、国华化工厂、大华化工厂和群光合作社等5家私营厂社联合组成，隶属于重庆市工业局化工原料工业公司。

　　1961年9月，它被划归重庆塑料厂并作为重庆塑料厂的一个车间。1966年，它又从重庆塑料厂划了出来，

重庆塑料电线厂生产区

①

②

并取名"重庆塑料制品二厂"，但未独立实行经济核算，直到1970年10月才独立成厂，并于1979年改名为"重庆塑料电线厂"。厂址位于现沙坪坝滨江路磁器口。

从重庆塑料厂独立出来之后，该厂的生产和技术发生了巨大的变化，塑料电线的生产很快发展到60多个品种规格，产量得到了大幅度的提升，并开始生产复合电线和全塑高压汽车点火线等新产品，使企业很快走上了一个新的发展轨道。特别是1982年划归重庆机械工业局之后，该厂的企业管理得到加强，形成了从绝缘材料、导体、拉丝至电线电缆的专业化生产线，综合经济技术指标跻身于同行业先进水平。

该厂1956年刚刚组建时，只有137人，厂房面积1000多平方米，主要生产各种电木塑料制品。1958年开始转产漆包线、纱包线、聚氯乙烯绝缘电线，在"文化大革命"当中经历了撤、并、转的坎坷之路。但该厂始终把握了做企业的一个基本原则——诚实信任，自强不息。到1985年末，该厂业已发展到职工627人，拥有固定资产原值487万元，净值295万元，全年完成工业总产值1602万元，实现利润188万元。今天它的母厂——重庆塑料厂已经垮了，但它还活得非常荣光。

③

④

① 重庆塑料电线厂生产区
② 重庆塑料电线厂综合楼
③ 重庆塑料电线厂厂区一角
④ 重庆塑料电线厂厂区一角

第33节 重庆铝制品加工厂

　　位于新桥石梯沟的重庆铝制品加工厂，在沙坪坝区还是多有名气的。2022年1月27日，我们重庆三线两会一大早来到新桥医院，一打听，从马路对面一条巷子走到底，再向右转，斜坡洞子口下面，就是重庆铝制品加工厂了。走进厂区，首先映入我们眼帘的，就是一座硕大的电影院及开口不太大的电影院销售窗口，再前面一点就是这家企

①

业的大门口了。

该厂是 1957 年由 4 家小五金厂合并、经过公私合营改造而成的国营企业。三线建设开始之后，转而生产日用精铝制品，直至后来发展到从铝及铝合金熔炼、铸造、压延、冲压、表面处理等全套设备及工艺技术，并具备相应的理化检测手段，其主要产品有铝及铝合金板、带材，铝塑复合管与日用精铝制品三大类产品。

1998 年，以工商银行贷款的形式，重庆铝制品加工厂从德国整套引进了一条铝塑复合管生产线，这在当时西南地区乃至全国都是最为先进的生产线。是时，该厂拥有固定资产1.2 亿元，土地 110 亩，在册职工 650 人，其中技术人员 110 人，企业总资产达 2.1 亿之巨，在全国同行业中享有较高的信誉和影响力，拥有重庆企业五十强之荣誉。

① 重庆铝制品加工厂电影院
② 重庆铝制品加工厂生产车间
③ 重庆铝制品加工厂电影院售票处遗址

① 重庆铝制品加工厂地址
② 重庆铝制品加工厂生产区
③ 重庆铝制品加工厂家属区

第34节 重庆电器厂

1958 年 8 月，以重庆西原电机厂开关板车间部分职工为基础，在化龙桥兴建了地方国营重庆开关厂。1959 年 8 月，并入合成机器厂；1963 年，市中区开关厂部分人员和设备并入。1965 年，以重庆开关厂为主，成立了重庆市电器总厂，下属 10 家分厂。1979 年，改重庆电器总厂为重庆电器厂。

改制后的重庆电器厂大门

建厂初期，职工仅有百余人，设备不到 10 台，厂房破旧且仅有 4000 平方米。三线建设开始以后，该厂引进全国统一设计的 DW10 空气开关等产品，试制成功了 HZ91 组合开关等船用军工产品和 QDS1 自动开关等牵引电路。随后，开发了 XK2 限位开关，QJ10 起动器、CJ20 接触器、JJ1 自耦减压起动柜、TJC1-260 交流串级调速装置、WDK 和 DKT1 舞台灯光控制设备等新产品。

重庆电器厂自行设计和建立的低压电器试验站，是我国第一个按 LEC 国际电工标准验收的试验站，受到过国家的奖励。其间，该厂自行研发的 6 种军工产品，受到军方的好评。

1985 年，重庆电器厂有职工 1083 人，其中工程技术人员 103 人，拥有固定资产 804 万元，净值 502 万元，主要生产设备 150 余台。全年完成工业总产值 1213 万元，实现利润 81 万元。

① 改制后的重庆电器厂办公楼
② 改制后的重庆电器厂生产区
③ 改制后的重庆电器厂综合楼
④ 改制后的重庆电器厂标志

第35节　重庆电炉厂

　　重庆电炉厂是国家机电工业部定点生产电炉的企业，先后与当地农工商单位合办了 2 个分厂，1 个经营部，同全国 15 个高科技单位建立了长期协作关系，且联办了重庆工业炉研究所，形成过一个小实业群。在 1985 年全国同行业产品质检中被评为第二名，连续多年获得过重庆市先进企业、文明单位和开发新产品先进集体等荣誉称号。

重庆电炉厂的前身是重庆市电机修理厂，创建于1958年。1971年试制电炉获得成功，经上级主管部门决定，正式更名为重庆电炉厂，定点生产工业电炉，以适应三线建设的需要。就三线建设时代而言，它是四川省和西南地区第一家专业生产工业电炉的专类生产企业，虽六易厂名，八变隶属，但最终还是修成了正果。其厂址位于沙坪坝区歌乐山镇矿山坡。

1973年，该厂与重庆通用机械厂合作，制成井式回火炉、坩埚熔化炉；1974—1976年，自制HGM-1.5型电弧炼钢炉，HJG-0.5T熔铜炉；1977年推出JT-75型井式气体渗碳炉；1980年生产实验炉。1981年开始按用户要求设计制造各种非标准电炉。

1982年，重庆电炉厂为兵器工业部国营山川机械厂制成CL·82-3大型远红外烤漆生产线，节能30%，提高工效一倍，

① 重庆电炉厂大门
② 重庆电炉厂办公楼
③ 重庆电炉厂综合楼

②

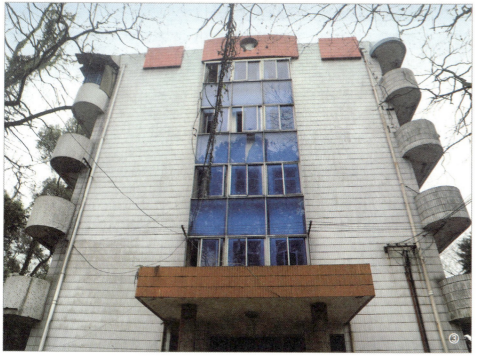

③

① 重庆电炉厂标志
② 重庆电炉厂生产
   车间一角
③ 重庆电炉厂生产
   车间
④ 重庆电炉厂家属
   区一瞥
⑤ 重庆电炉厂篮球
   场一角
⑥ 重庆电炉厂家属
   区进口

经中央新闻制片厂发布，引起各地重视。1983 年，与重庆大学联合研制的 CL81-24 井式真空渗碳炉，具有节能方面的领先水平，获重庆市新产品"百花奖"三等奖。1984 年推出的 GW-0.15-100/IJ 中频感应熔炼炉，还出口到了罗马尼亚。

1986—1988 年，该厂进一步增加了电炉品种，提高了自动化程度和控制精度，着重开发了微控气体渗碳炉，电阻炉微控装置，微控感应加热炉，连续热处理机组等项目。其中强对流罩式炉经重庆市科委组织专家鉴定，达到了国际同类产品水平。电动机转子，汽车飞轮齿圈及轴承热装热卸装置，通过国家机械委鉴定具有国内领先水平。

从 1971 年到 1988 年，重庆电炉厂共生产电炉 3356 套，产值 3376 万元，利润 621 万元。1988 年末，该厂拥有职工 432 人，其中科技人员 58 人，固定资产原值 480 万元，主要设备 80 台，占地面积 2.64 万平方米。业已形成年产 7 大类、50 多个系列、300 多种规格、800 多台（套）各式工业电炉。1988 年该厂年产值 595 万元，利润 70 万元。

第36节　重庆火花塞厂

重庆火花塞厂的前身是利群瓷厂，始建于 1943 年，主要生产日用陶瓷。1951 年改为公私合营利群瓷厂，1966 年更名为"重庆红岩电瓷厂"，1979 年才最后定名为重庆火花塞厂。其厂址位于磁器口蔡家湾。

1964 年 10 月，原一机部决定在该厂生产民用和军用火花塞，并以三线建设重点项目名义下达扩建设计任务

①

① 重庆火花塞厂综合楼
② 重庆火花塞厂生态环境
③ 重庆火花塞厂办公楼一角
④ 黄桷树下的重庆火花塞厂一角

重庆火花塞厂一角

书，投资 50 万元，从南京电瓷厂搬迁部分生产设备和人员，规划纲领为年产火花塞 100 万只。

该厂从 1966 年开始试制火花塞。1969 年，被一机部确定为给第二汽车制造厂配套的两家火花塞生产厂家之一。

1978 年，该厂生产火花塞 152 万只；1979 年生产火花塞 205 万只。1980 年以前，曾是省市一机系统生产军工配套产品数量最多的工厂之一。据 1989 年 10 月重庆市机械局的《重庆机械工业概况》记载：1979 年生产军用 SG428 型防干扰火花塞 7 万只。该厂原为坦克配套生产过 T18-24/7-1 型电热塞，为我国军工生产做出过贡献。

从 1967 年到 1988 年，重庆火花塞厂累计生产各型火花塞 2520.99 万只，工业总产值 3384.39 万元，利润总额 684.10 万元。

1988 年末，重庆火花塞厂时有职工 406 人，其中工程技术人员 19 人，固定资产原值 322.39 万元，净值 169.57 万元，主要设备 81 台，占地面积 2.5 万平方米。全年生产火花塞 250.01 万只，工业陶瓷 7.44 吨，完成工业总产值 368.2 万元，实现利润 70.13 万元。

第37节　重庆专用设备总厂

重庆专用设备总厂是一家为标准件行业提供成套机器设备的专业化生产厂家。

1965年12月，一机部西安迁建工作会议决定，为适应三线建设需要，将重庆列为标准件生产布建地区。上海标准件公司承担了这一迁建任务，内迁了部分标准件厂和人员、设备来渝，以重庆标准件厂为基础，组建托拉斯式

重庆专用设备总厂厂区

① 重庆专用设备总厂
厂区道路
② 重庆专用设备总厂
厂房一角
③ 重庆专用设备总厂
生活区
④ 重庆专用设备总厂
生产区
⑤ 重庆专用设备总厂
周边环境

的重庆标准件总厂，下设 7 个分厂。其中一个分厂就是由原来的重庆标准件厂机修车间扩建而来：先是重庆标准件设备机修站，它再和重庆机床维修厂合并，组建成了重庆专用设备总厂。其厂址位于上中渡口。

该厂创建之后，自行设计和生产了多工位自动冷镦机具，具有操作方便、易于维修、性能可靠等三大优点，深受全国各地用户欢迎，产品畅销，供不应求。重庆专用设备总厂的产品还有 Z12、Z23、Z41、Z45、Z45、Z46、SZ80 等多个型号，用这些设备即可生产从 M4 到 M24 规格的、比较齐全的标件产品。

重庆专用设备总厂还生产专用车床、机床备件、专用模具，并为汽车、内燃机、冶金等行业提供专用设备。

1988 年，该厂有职工 1050 人，其中工程技术人员 76 人，占地面积 58565 平方米，拥有固定资产 1013 万元。同年完成工业总产值 1620 万元，实现利润 207 万元。

④

⑤

第38节 重庆阀门厂

重庆阀门厂位于化龙桥正街。其前身是私营洪昌机器厂，于抗日战争时期的 1940 年 12 月，由武汉内迁至重庆南岸大沙溪。1943 年，由 14 家私营厂与洪昌机器厂合并，更名为洪泰机器厂。1956 年，洪泰机器厂又与 9 家私营企业合并，成为公私合营重庆水管零件厂，直到 1967 年，更名为重庆阀门厂。它是机械电子工业部定点生产阀门的厂家之一。

三线建设开始前，该厂主要生产低端的低压阀门、调

节阀、水位指示器、调节旋塞、煤气交换旋塞，以及 DN40 弹簧安全阀等 14 种产品。三线建设开始之后，该厂参与了全国阀门联合设计，其阀门产品逐渐走向了标准化和系列化发展方向，从 1970 年开始生产高中压阀门、角式截止阀、节流阀、对夹式止回阀、氨截止阀。

1972 年，重庆阀门厂还为四川汽车制造厂生产了 PN600、DN65 电动抗硫球阀和 PN210、DN100 手动与液动放喷阀等产品。

1988 年，该厂有职工 680 人，其中工程技术人员 104 人，固定资产原值 536 万元，占地面积 2.0 万平方米，生产建面 1.1 万平方米，主要生产设备 135 台，实现工业总产值近 1000 万元，利润总额为 164 万元。其生产的无导流孔平板闸阀，为国内首创，深受炼油、化工行业的青睐。

① 重庆阀门厂原址
② 重庆阀门厂原址

②

第39节　重庆机械模具厂

在我兼任重庆制药机械厂劳动服务公司经理期间，与我公司隔壁邻居、一同处于沙杨路的西南药机联合公司（由重庆制药机械厂、西南制药一厂和重庆机械模具厂等单位共同组建），其办公场地与我们服务公司一样大，在它年收入500万元的时候，我们刚刚起步，年收入还不到50万元，但是不到5年，我们就远远超过了它。对此，西南药机联合公司的副经理小慕对我赞不绝口，还把我请到了位于红槽房附近的重庆机械模具厂去做了一次客。

①

① 重庆机械模具厂遗址
② 重庆机械模具厂地址
③ 重庆机械模具厂天桥下
④ 重庆机械模具厂之"根"

①

②

过了近 30 年，再去红槽房找重庆机械模具厂的遗址，我去了三次才找到。

重庆机械模具厂是利用原重庆铁合金厂的厂址、于三线建设开始后的 1965 年筹建的，由原第一机械工业部和重庆市联合投资，具有设计制造冷冲模、压铸模、塑料模、橡胶模等各种模具类型的能力。该厂的 Q106 型针剂洗罐封机，曾荣获国家经委 1983 年颁发的优质产品"金龙奖"。

为适应市场需要，重庆机械模具厂先后开发了冷冲模架及标准模块、三爪卡盘、硬质合金烧结高度划线尺、游标卡尺、捆托机、天然气灶具、燃气取暖炉等产品。

1988 年，该厂拥有职工 301 人，其中工程技术人员 25 人，固定资产原值 395.6 万元，占地 23256 平方米，全年完成工业总产值 211.01 万元，生产各种模具 199 副，标准模架 2466 套。

① 重庆机械模具厂广场
② 重庆机械模具厂遗址

第40节 重庆环保机械厂

重庆环保机械厂的前身是重庆粮食工业机器制造厂，始建于1958年，位于沙坪坝的张坪，时有职工120人。主要生产打谷机、打米机、钢磨等。三线建设开始后的1964年，更名为"重庆市农业机械修理厂"，主要从事拖拉机、内燃机的修理，同时生产插秧机、农用柴油机缸盖、齿轮等配件，直属重庆市农机水电局领导。直到1984年三线调整时期，该厂开始"转轨变型"，先后与全国30多个科研单位、成套公司和配件生产企业建立了技术协作、技术转让和定点配套合作关系。从1985年参加北京华通环保联营公司之后，该厂先后开发生产了布袋除尘器等环保机械25个系列、500多个品种的环保机械产品。

在农用柴油机齿轮发展到8个型号、26个品种的顶峰时期，该厂能够居安思危，通过横向联系的方式，开发出了ZC-II型回转反吹扇袋除尘器和DFC、GFC、TFC型反吹风布袋除尘器，实属不易。

1987年底，重庆环保机械厂拥有职工556人，其中工程技术人员58人，固定资产原值569万元，占地面积3.3万平方米，全年完成生产总值916万元，实现利润90万元。

重庆环保机械厂大门

① 重庆环保机械厂住宅
② 重庆环保机械厂广场
③ 重庆环保机械厂遗址
④ 重庆环保机械厂住宅

第41节　重庆铸造厂

重庆铸造厂的前身是 1951 年成立的私营前进灭火机厂铜件翻砂组。1957 年更名为"重庆水泵厂",次年成立重庆水泵厂铸工车间。三线建设开始后的 1965 年,该车间从水泵厂分离出来,成立小龙坎铸造厂,嗣后改名为

"重庆红卫铸造厂",为国家机械工业工艺专业化办公室批准的、重庆市铸造行业重点协作厂及中小铸件协作中心。1972 年定名为"重庆铸造厂"。厂址位于上桥。

三线建设前,该厂的厂房面积只有 3378 平方米,固

①

① 重庆铸造厂原址
② 重庆铸造厂原址
③ 重庆铸造厂原址
④ 重庆铸造厂原址

重庆铸造厂原址

定资产原值为 313 万元。铸件年产量也只有 1000 吨上下，主要生产普通灰铸件及少量有色金属铸件，每年的产值不到 50 万元。三线建设开始以后，国家拨款新建 2442 平方米铸工车间，安装了一条有 6 台 Z145A 造型机在内的机械化生产线和配套的熔炼、干燥、砂处理、清理系统设施，随后又新扩建铸造车间 1404 平方米，并增加了起吊、混砂设备，以及具有 80 年代先进水平的自硬树脂砂造型生产线和 GGW−0.9 型 900 千克中频感应电炉。至此，该厂从小到大，发展到能生产球墨铸铁件、合金铸铁件、碳素钢铸件、合金钢铸件，业务范围扩大到重庆市内外百多厂家。

1988 年，工厂占地面积 20891 平方米，房屋建面 24622 平方米；拥有职工 604 人，其中技术人员 35 人；固定资产原值 595.4 万元，净值 309 万元；年生产能力达 4000 吨以上，年利润 12 万元。

第42节 重庆第二水泵厂

第二水泵厂的前身是新桥铁工厂，1957年开始建厂，其厂址位于上桥。生产农具、铁作产品。三线建设开始后，由四川省机械局开始布点试制水泵，以后逐步得到进一步发展，更新了设备，新建了厂房，完善了计量室和水功试验室，达标了三级计量合格证书，使其产品有了有效的质量保证，且开发出了新产品4个系列、8个规格。

第二水泵厂是全国泵协和西南地区水泵行业成员单位，业已形成单级泵、蒸汽往复泵、锅炉给水泵、旋涡泵

第二水泵厂工厂遗址

等多个系列和若干个规格的泵类产品，以及矿用除尘器和不少非标产品。

从建厂到 1988 年底，累计完成工业总产值 3107.62 万元，实现利润 412 万元，生产工业泵 37682 台，为地方国民经济建设作出了积极贡献。

1988 年底，该厂拥有职工 371 人，其中工程技术人员 23 人，固定资产原值 176 万元，主要生产设备 70 余台，其中金属切削机床 55 台，占地面积 9820.4 平方米，生产建筑面积 7096 平方米。全年完成工业总产值 368.31 万元，实现利润 42 万元，生产工业泵 2666 台。

① 第二水泵厂工厂地址
② 第二水泵厂工厂遗址
③ 第二水泵厂工厂遗址
④ 遗址上开发出来的住宅小区
⑤ 遗址上开发出来的住宅小区

第43节　重庆锻造厂

根据国家计委、经委"(64)计机字第2895号"文，和原一机部"(64)机密字第3500号"批准，投资380万元，于三线建设刚开始时的1964年4月，在重庆市沙坪坝上桥张家湾，破土新建一座锻造厂。一机部的定位是：设立一家国家定点专业化锻钢件生产厂，为重庆的军工和机械产业配套，计划年产锻钢件5000吨。这座新建厂就是重庆锻造厂。

建成后的重庆锻造厂，主要为重庆市内外军工、机械、

①

① 重庆锻造厂办公楼
② 重庆锻造厂标牌
③ 重庆锻造厂大烟囱
④ 重庆锻造厂生产区

①

②

汽车、冶金、轻纺、化工等行业300多家厂提供各种自由锻件、胎制锻件、模锻件和锻材。从1966年正式投产到1988年底，该厂共生产锻钢件47174吨，生产可倾式16吨冲床23台，生产和加工汽车前桥3647根，组装前桥总成550套，完成总产值4104.1万元，实现利润359.75万元。

1988年底，该厂拥有职工503人，其中工程技术人员33人；固定资产原值577.48万元，净值243.1万元；主要生产设备98台，其中大型设备13台，锻压设备12台（套），金属切削机床40台；占地26388平方米，其中生产建筑面积15977平方米。1988年生产锻钢件3883.9吨，工业总产值314.29万元，实现利润37.88万元。

① 重庆锻造厂生产车间
② 重庆锻造厂生产工人

第44节　重庆电影机械厂

重庆电影机械厂始建于 1958 年，由四川省电影器材供应修理站重庆站和成都站合并组成。1963 年改名为四川电影机械修配厂，隶属四川省文化局领导。1969 年 4 月下放重庆，更名为重庆电影机械厂，划归重庆市机械工业局领导。1972 年，经四川省计委批准，扩建于沙坪坝石油路，1976 年建成，1977 年全面投产。从此，该厂成为西南地区唯一生产电影放映机的企业。

三线建设前，该厂主要生产电影机配件，5902 型 16

毫米电影放映机、35毫米电影放映机和间歇齿轮等产品。三线建设后经改扩建，设计制造了FL-8.75毫米Ⅰ型电影放映机并生产了1632台，"嘉陵牌"FL-8.75毫米Ⅱ型电影放映机并生产了2582台。产品主要技术指标甚至超过了日本JTS87171-1975（1978）标准。

1977—1985年，该厂共生产了电影机10481台，直到1986年停产。

由于电影事业的不景气，电影放映机的生产大幅度下降，该厂只能改变发展方向，于1981年加入"嘉陵摩托车经济联合体"，为其配套生产CJ50型、JH-70型和JH-125型摩托车离合器、前后掣动器、高压点火线圈等零部件以及后来开发出的五十铃汽车离合器。

1988年底，该厂拥有职工785人，固定资产原值930万元，净值519万元，占地4.6万平方米。全年完成工业生产总值1003万元，实现利润91万元。

已被房地产取代的工厂原址

第45节 重庆建筑机械厂

重庆建筑机械厂始建于1953年，它的前身是重庆市建工局机运队。1958年更名为重庆市建工局建筑机械修配厂，1962年5月精减压缩还建后，先后并入建工局属汽车大队。1964年5月，定名为重庆市建管局机具运输站，1978年改为机具修建厂，直至1981年4月，经重庆市政府批准，正式更名为"重庆建筑机械厂"。其厂址位于沙坪坝区陈家坪。

该厂组建以来，应上级相关单位要求，出力支援了重

第一章 重庆市沙坪坝区企事业单位

① 重庆建设机械厂原址
② 重庆建设机械厂遗址
③ 重庆建设机械厂原址

庆地区三线建设大型工程项目的起重、吊装工程。在承担重庆市属建工企业大中型设备维修业务的同时，从 70 年代开始，该厂制造了包括混凝土搅拌机、灰浆拌和机、卷扬机、载重 1 吨的机械翻斗车等建筑专用器械。从 80 年代后期到 90 年代初期，该厂自行设计生产了自升式塔吊，拥有 6 种机型、11 个品种，产品远销全国 26 个省市。

1984 年 7 月，经国家建筑机械检测中心评定，确定该厂为国家定点生产塔式起重机的骨干企业。时年，该厂拥有职工 853 人，其中工程技术人员 48 人；固定资产原值 518 万元，净值 331 万元；厂区占地面积 36484 平方米，拥有各种机械设备 157 台，运输设备 34 台，全年完成工业生产产值 710 万元，实现利润 94 万元，上缴税金 60 万元。

1994 年，重庆建筑机械厂被组建为重庆升立建设机械（集团）公司。2003 年改制为股份制有限责任公司——重庆升立建设机械集团塔机有限责任公司。2006 年，公司受重庆建工集团直接控股而启用新的名称——重庆建工升立建设机械有限责任公司。2010 年，此公司被重庆建工集团改组为重庆建工工业有限公司。

第46节　重庆煤田地质机械厂

　　从位于沙坪坝上桥三村56号的煤炭科学研究总院重庆分院出来，向前走，不到100米的地方，我突然发现了一个"新大陆"——重庆煤田地质机械厂。深入其里，仔细一打听，它的上级主管机关，居然是我公司对门的重庆一三六地质队。

　　重庆煤田地质机械厂的工作人员告诉我们：重庆一三六地质队成立于1970年1月1日，全队现有在册职工1236人，各类专业技术人员和管理人员275人，设16

① 重庆煤田地质机械厂大门
② 重庆煤田地质机械厂办公楼
③ 重庆煤田地质机械厂生产区
④ 重庆煤田地质机械厂综合楼
⑤ 重庆煤田地质机械厂生产车间

①

②

个二级单位，重庆煤田地质机械厂就是这个团队的成员之一。

作为邻居，重庆一三六地质队的情况我还是比较了解的。这个队是重庆市唯一的专业煤田地质勘探队伍。建队50多年以来，先后为原来煤炭资源相对匮乏的重庆市探明了煤炭资源30亿吨，为重庆市的社会经济发展起到了探路、奠基和保驾护航作用，先后被授予全国煤炭工业"地质勘查功勋单位"、重庆市"百佳文明"单位光荣称号。

重庆煤田地质机械厂是西南地区最重要的煤田地质机械专业定点生产单位，它为各相关单位设计、生产了大量的煤田地质机械设备和配件。重庆一三六地质队所拥有的428台（套）煤田地质勘查机械设备和负责测绘、物探测井、岩土测试等79台（套）各种仪器，就浸透着这家厂子大量的心血。

① 重庆煤田地质机械厂环境
② 重庆煤田地质机械厂生产区

第47节　重庆机床维修厂

三线建设时期，重庆是全国最重要的机械制造和机械加工中心之一，众多的机械加工设备靠谁维护和保养呢？一次偶然的机会，我在重庆大元收藏品市场买到一枚毛主席像章，翻开背面一看，印制有"重庆机床维修厂革委会"字样。

重庆机床维修厂，这是一个什么样规模的企业，其住址又在哪里呢？

我找到原重庆第二机床厂团委书记、后来担任供销处

重庆机床维修厂原址

长的刘渝红。刘渝红同志告诉我，重庆机床修理厂是三线建设时期为国防建设和重庆机械行业提供机床修理和保养的重要企业，职工有好几百人。其注册地就在沙坪坝区小龙坎正街和石小路交叉口附近，离原来的雾都电影院不远。

2020年5月26日上午，我们来到刘渝红所说的地方，重庆机床维修厂早已破产，其地盘已经被房地产开发了。附近的老百姓告诉我们：这家企业原来挺红火的，经常加班加点搞突击，后来生产过轴承和摩配件，再后来就被市场淘汰了。

① 重庆机床维修厂原址
② 重庆机床维修厂遗址

第48节 重庆钟表公司

在我的记忆中，父亲曾经拥有过两只手表。第一只是什么牌子我记不清楚了，但在我6岁被烫伤时，为了给我治疗烫伤，父亲把那只手表和他用的自行车给当掉了。父亲的第二只手表是20世纪70年代中期由舅舅的大儿子、

我大表哥全金全"开后门"买来的。金全哥是重庆钟表厂的高级模具技师，当时重庆钟表厂的手表均需要领导批"条子"才能买得到。

重庆钟表公司位于现今的石桥铺兰花社区。它是国家

重庆钟表工业公司原址

生产手表的重要基地，其产品有男女机械表、机械日历表、电子石英表。该公司的产品开发经历了三个阶段：一是70年代以上海SSTA型手表为原型的仿制阶段，二是1980年后开始生产的女式手表，俗称"3"号表，三是从1984开始生产的全钢镀金、镀钛异形表和高级电子石英表。该公司著名的"山城牌"手表，因价格低廉，走时准确，深受广大消费者欢迎。

1982年1月，以重庆钟表厂为核心，成立了重庆钟表工业公司，经营范围包括制造、加工、销售钟表及配件，计时仪器仪表、乐器、卷闸门、铝合金制品，微型轴承，食品加工机械，饮料加工机械，冲压件，木制品等，成了一家综合性经营的企业。

1985年，重庆钟表工业公司在国内建立了61个山城牌手表销售点，在成都、重庆、自贡建立了4个销售部，并为各维修部培训了业务人员700多人。

1985年该公司拥有职工4910人，销售手表和闹钟的年收入为13069万元。其产品占了整个四川钟表市场的半壁河山，同时销往北京、上海、南京、西安、桂林、昆明、贵阳、乌鲁木齐、深圳和香港。

第49节　重庆灯泡工业公司

重庆灯泡工业公司的前身是 1940 年由广西桂林迁来重庆的中央电工器材厂第二厂重庆支厂，其厂址在南岸黄桷垭。当时职工只有 109 人，年产"日月牌"普通照明灯 34 万只，且多为手工操作。

1952 年，厂子从黄桷垭南山上搬到嘉陵江边化龙桥龙隐路 7 号，后来公私合营，并入干电池厂、电机厂，改名地方国营重庆电工器材厂。1956 年，厂子要扩展，1958 年就搬到杨公桥，改名重庆灯泡厂。之后又改为重庆灯泡

重庆灯泡工业公司原址

重庆灯泡工业公司原址

工业公司。

重庆灯泡工业公司是重庆市第一轻工局直接管理的大型国有企业，是全国 35 个重点灯泡企业中 3 家最老的企业之一，也是西南地区最早的生产普通照明灯泡的企业。

重庆灯泡厂在黄桷垭、化龙桥时期，是全手工作业，不管是白炽灯泡，还是较长的日光灯波管，都是由人工吹制而成。1965 年后，第一代吹玻壳的机器从捷克进口，一排四个口子，全国只有沈阳灯泡厂和重庆灯泡厂具备，这才有了机器吹制。

重庆灯泡工业公司建立之后，国家先后投入了 3000 多万元资金，对企业进行技术改造和扩大产能，使其由原来单一的生产普通白炽灯的小厂，逐步发展成为一家品种全、规格多、适用于市场各种需要的综合性大型电光源企业，成了西南地区最大的灯泡生产厂家。公司下属 7 个专业生产分厂，1 个电光源研究所，并设有西南灯泡科技情报站、轻工部全国灯泡质量检测中心西南站。该公司生产的普通照明灯泡，荣获部优产品称号，其"电工牌"灯泡、荧光灯管等产品在市场上具有较强的竞争力，在全国同行业中具有较高的声誉。

1985 年，该公司共有职工 2679 人，其中工程技术人员 136 人；拥有固定资产原值 2457 万元，净值 1517 万元；全年完成工业总产值 3293 万元，实现利润 570 万元；生产普通灯泡 2756 万只，荧光灯管 1304 万只。产品销往全国各省市。

第50节　重庆灯头厂

重庆灯头厂的前身是重庆灯泡厂灯头车间，从1961年开始试生产普通插口式灯头。初始，灯头生产工艺多采用手工操作，年产仅50万只；1963年，重庆灯泡厂灯头车间与重庆市中区中一支路电器开关厂合并，改名为重庆灯头厂，厂址在市中区的李子坝。三线建设刚开始的1964年，其品种还是单一的插口式普通灯头，得益于国家三线建设政策的助推，该厂产品扩大到螺口灯头的生产，年产量达到了759.28万只。

重庆灯头厂原址

　　为了满足四川及西南地区灯泡生产的配套需要，重庆灯头厂冲压、电镀等主要生产工序的设备逐步实现了联动化、自动化，一条普通灯头生产自动线在国防军工企业的支持下形成，生产能力从 1966 年的 1526.58 万只，增加为 1975 年的 2708.56 万只。

　　1976 年，该厂正式施行独立核算，直属重庆市第一轻工业局领导，成了国家在西南地区布局的唯一一家灯头专业生产厂家。

　　1979 年，该厂拥有在册职工 467 人，年产灯头 5236.59 万只，普通灯头综合合格率达到了 83%，实现利润 42.26 万元，名列全国 24 家灯头厂第二名。与此同时，该厂的产品正式注册为"庆海牌"商标。

　　1985 年，年产能达到 2.2 亿只～2.5 亿只，能生产普通灯头、特种灯头、荧光灯头 3 个系列、13 个规格型号，产品除满足重庆、西南地区、西北地区的用户需求之外，还努力满足了军事工业和出口创汇的特殊需求。

① 重庆灯头厂原址
② 重庆灯头厂原址
③ 重庆灯头厂原址
④ 重庆灯头厂原址

第51节 重庆缝纫机厂

重庆缝纫机厂位于沙滨路的重庆大学老校区下面。20世纪七八十年代，该厂生产的"红岩牌"缝纫机家喻户晓，是当时风靡整个山城的畅销品牌。

1966年，隶属于重庆市公安局的中渡口机修厂，移交给重庆市一轻工业局管理。一轻局向国家轻工部汇报并建议：中渡口机修厂尚无固定的民用产品，若转向生产缝纫机，有利条件较多。如果轻工部能够立项建厂，可起到投资少、见效快的效果。建立缝纫机厂的建议得到了国家

①

轻工部的认同，并决定首先投资90万元，设计规划其年产能力为5万架，核定职工800人，其厂名定为重庆缝纫机厂。

1966年7月，该厂就开足马力，仅仅用了三个月时间，就试制出了A1-1样机3台，其自制零件达61%，实用性能获70分，达到国家标准。

由于建厂所需基建时间比较长，该厂决定先以技术练兵为主，响应三线建设边建设、边学习、边生产的原则。1968年，该厂试生产了400架缝纫机，用户使用后反映良好，1969年，国家轻工部正式批准该厂为缝纫机定点生产厂。

1970年，国家统一安排设计了70-1型缝纫机。1971年，轻工部指示重庆缝纫机厂对70-1型缝纫机进行试制，当年试制成功11架。1972年，全国轻工计划会议和国家计划会议决定：重庆缝纫机厂建设规模

① 重庆缝纫机厂原大门
② 重庆缝纫机厂原生产车间
③ 重庆缝纫机厂原生产车间

①

②

为年产 70-1 型缝纫机 50 万台。

因 70-1 型缝纫机设计不够合理，质量不过关，主要原材料和零件不配套，导致生产数量上不去。轻工部即派人到重庆缝纫机厂进行调研，同意该厂继续生产 JA-1 型"红岩牌"缝纫机。

经过国家扶持，1976 年 10 月，重庆缝纫机厂生产的缝纫机自给零件达到了 102 种，占整个零件总数 43.4%。经考核，该厂生产的"红岩牌"缝纫机 1985 年获得轻工业部优秀产品荣誉称号。

不过，随着时代变迁，买布用缝纫机做衣服逐渐被直接购买成衣的消费习惯取代，重庆缝纫机厂也陷入了困境。后来，重庆缝纫机厂转型，成立重庆专用机械制造公司，开始生产一些机械设备。

2002 年，重庆专用机械制造公司停产，进入"三类"特困企业，公司职工陆续下岗，这片曾经火热的厂区逐渐闲置下来。直到 2008 年，这块地通过联合产权交易所拍卖，被重庆市轻纺集团收购。根据规划，这里将被建设成为重庆 S1938 国际创客港，形成以设计服务、文化传媒、电子商务、时尚餐饮、主题酒店、影视娱乐、互动体验为主的大型数字创意产业园区。

① 重庆缝纫机厂原生产车间
② 重庆缝纫机厂原生产车间
③ 重庆缝纫机厂原生产车间

第52节 重庆热水瓶厂

20 世纪 90 年代初期，我在担任重庆制药机械厂销售科长前，兼任了该厂西南经营部的总经理，并布局了云贵川及广西的经营部，其中第一个创办的就是贵阳经营部。后来我去该经营部检查工作时，在给我接风的朋友中，就有一位重庆热水瓶厂贵州经营部的负责人。

重庆热水瓶厂是重庆市一轻工业局的直属企业，是西南地区最大的保温瓶专业生产厂。该厂创造于 1942 年，是一家私营小厂，仅有工人 45 人，年产热水瓶 3 万只上下。

①

1951年公私合营，1954年改为地方国营重庆热水瓶厂。1985年初，该厂与重庆热水瓶二厂、重庆玻璃塑料配件厂一起组建了重庆热水瓶总厂，属国营中型企业。其厂址在陈家坪。

重庆热水瓶厂的产品有五磅、八磅小口径热水瓶，三磅、四磅冷藏瓶（杯）等15个品种规格，并自己配套生产塑料水瓶壳、冷藏瓶和气压瓶塑料配件。1983年在全国同行业质量鉴定评比中，五磅瓶胆荣获全国第一名；五磅铁壳瓶获全国第三名。八磅气压瓶荣获1981年四川省优质旅游产品荣誉称号。

1985年，该厂有职工2141人，其中工程技术人员61人；拥有固定资产原值1134万元，净值800万元；全厂完成工业生产总值3271万元，实现利润512万元；有各种设备近400台，形成了年产各种型号的玻璃保

① 重庆热水瓶厂家属区
② 成为文物保护单位的原重庆热水瓶厂水塔遗址

②

①

②

温容器 1000 万只的生产能力。

　　最近我参加了攀枝花中国三线博物馆遂宁分馆的开馆仪式，从中看到了几十个从军工被服厂收集而来的重庆热水瓶厂的五磅、八磅热水瓶，感到特别的亲切。

　　历史的发展是非常残酷的，像火柴被打火机取代、墨水和钢笔被签字笔取代一样，我们用了几十年的热水瓶被热水器取代，这些都是不以人们的意志为转移的。2022 年 1 月 26 日一大早，我赶到石桥铺石杨村的重庆热水瓶厂的家属宿舍，看到那么多老龄退休职工，看到原来的门市展销部、幼儿园和学校，都还完整地保留着那个时代的痕迹，真的有些伤感、无奈……

① 重庆热水瓶厂地址
② 重庆热水瓶厂住宅区
③ 重庆热水瓶厂住宅区
④ 重庆热水瓶厂住宅区
⑤ 重庆热水瓶厂住宅区

第53节 重庆红岩玻璃厂

重庆红岩玻璃厂是重庆市一轻工业局直属的中型企业，也是西南地区最大的玻璃瓶罐生产企业。

该厂始建于1949年，1950年建成投产，原名"合众玻璃厂"。开始是由二十几位有经验的技术工人集资兴建的，他们用手工操作的方式生产金灵丹药瓶，年产量仅有45吨。1955年公私合营。三线建设开始后的1966年改名为"重庆红岩玻璃厂"，简称"红玻厂"。其厂址位于上中渡口，现在也是重庆S1938国际创客港的组成部分之一。

①

① 重庆红岩玻璃厂住宅楼
② 重庆红岩玻璃厂旧址
③ 重庆红岩玻璃厂住宅楼
④ 重庆红岩玻璃厂工厂环境

①

②

三线建设及三线调整阶段，国家先后为重庆红岩玻璃厂投入 1500 万元以上的资金，不仅多次改造了原来的熔制车间，新增了 3 条国产六组单滴式行列制瓶生产线，还引进了 1 条美国 EMHART 公司八组双滴行列机制品生产线和又 1 条国产六组双滴行列生产线。该厂主要生产的产品有啤酒瓶、香槟酒瓶、罐头瓶、曲酒瓶、牛奶瓶和墨水瓶等 40 余个品种，并新增了玻璃彩色印花新工艺。

重庆红岩玻璃厂的产品质量享有较好的市场声誉，产品畅销西南和西北地区。该厂生产的 100 毫升小口径药瓶获 1983 年全国质量评比第三名，啤酒瓶获 1983 年全国质量评比第五名，500 毫升酒瓶连续三年荣获四川省第一名。

1985 年，该厂有职工 946 人，其中工程技术人员 29 人，拥有固定资产原值 884 万元，净值 704 万元。

① 重庆红岩玻璃厂住宅楼
② 重庆红岩玻璃厂住宅楼

第54节 重庆啤酒厂

1958年1月，重庆市二轻工业局根据四川省工业计划会议和重庆市地方工业会议精神，作出新建重庆啤酒厂的决定；由重庆市地方筹建100万元，兴建年产量1000吨规模的啤酒厂。同年1月29日在石桥铺破土动工；6月，重庆啤酒厂正式成立；11月，重庆啤酒厂正式投产，生产啤酒3.4吨。

由于设备简陋，生产条件差，在1964年三线建设前其年产量一直在1000～8000吨徘徊。三线建设开展以后，

①

②

经过多次技术改造，产量一举突破了万吨大关，企业进入了飞速发展阶段，并以横向联合的形式，在重庆周围发展了许许多多的"子工厂"和"孙工厂"，很好地满足了重庆人民不断提高的物质生活需要：1984年8月，同武胜啤酒厂签订联合协议书，使其成为重啤的分厂；1985年10月，与达县、丰都、什邡（现蓝剑）3啤酒厂签订联合协议书，使之成为重啤分厂。

到1985年，重庆啤酒厂的年产量达到了3.5万吨，具备了年产5万吨的生产能力。共有职工743人，其中工程技术人员24人；拥有固定资产原值2042万元，净值1681万元；全年完成工业生产总值1475万元，实现利润580万元。累计上缴利税达5168万元，相当于国家投资的1.5倍。

1992年11月，成立重庆啤酒集团。1993年12月，重庆啤酒股份有限公司挂牌成立。1995年11月，经重庆市人民政府批准，重庆啤酒集团公司改组为国有独资公司，更名为重庆啤酒（集团）有限责任公司。

　　作为重庆轻工曾经的"五朵金花"之一，重庆啤酒厂是发展得最好的企业，没有之一。2001年，重啤集团的"重庆啤酒""山城啤酒"和"麦克王"啤酒等6个品牌荣获"中国优质新品啤酒"荣誉称号。2002年，"重庆啤酒"又远销香港、澳门和台湾地区。2004年，"山城啤酒"被认定为"中国驰名商标"；2005年，"山城啤酒"荣获"中国名牌"称号。

① 重庆啤酒厂生产车间
② 重庆啤酒厂生产设备
③ 堆积如山的啤酒
④ 重庆啤酒厂物流

第一章　重庆市沙坪坝区企事业单位

167

第55节　重庆全心食品厂

1981年，我毕业分配去到重庆制药机械厂后不久，作为企业的团委书记经常在沙坪坝区共青团系统开会，那时重庆全心食品厂有一个团总支，其书记告诉我，这家厂就在我们厂的隔壁。以后春游、交谊舞等活动，我们有了经常性的接触和横向联系，两厂之间互相成婚的也有了好几对。

重庆全心食品厂是1959年由全心、大坪、磁器口3家糖果厂合并而成的。1982年，该厂有8个产品经沙坪坝

①

① 重庆全心食品厂家属宿舍
② 重庆全心食品厂地址
③ 重庆全心食品厂住宅
④ 重庆全心食品厂住宅

区科委推荐，参加了重庆市优质产品的评选。其中的儿童补血酥心糖，经四川省经委批准，还获得了优质产品称号；玩具糖等 3 个品种在全国同行业当中获得过大奖。

1985 年，该厂有职工 286 人，产品销售收入为 630 万元。同年我所在的重庆制药机械厂，拥有职工是 763 人，产值却只有 503 万元，由此可见当时的全心食品厂经济效益还是多好的。

改革开放之后，重庆全心食品厂的生产有了更大的发展，除了生产各类糖果、饼干、点心之外，还开发了中秋月饼系列、"凌汤圆"汤圆心子系列、冷食品系列，已逐步成为重庆市糖果糕点饮料公司的骨干企业之一。

① 重庆全心食品厂家属区
② 重庆全心食品厂家属区

第56节 重庆井口饮料罐头厂

在我任重庆制药机械厂劳动服务公司经理期间，有两种饮料最好卖，并且经常被用来当作职工的清凉饮料福利：一种是"天府可乐"，另一种就是重庆井口饮料罐头厂生产的"红雪牌"柠檬汽水了。那个时候，我们安排车队的 5 吨货车去拉，排队最长时间的，需要大半天。

重庆井口饮料罐头厂建设于 1974 年，它依托于重庆井口农场，以其丰富的新鲜水果及多种自然资源为原料，能生产 40 多种优质饮料、罐头，使用的是业已注册的"红

重庆井口饮料罐头厂生活区

①

雪"商标，年产各种饮料罐头 10000 吨。与之配套的有重庆井口饮料研究所和经济技术开发公司，分别担任新产品研制及对外经济技术协作工作。

重庆井口饮料罐头厂技术力量较强，生产设备先进，其主要产品有：享誉山城的柠檬汽水——获 1983 年四川省优质产品称号；糖水桔子罐头，保持了农业部优质产品称号；重庆香槟及出口产品"虫草鸭精"——荣获重庆市重大科技发明奖。"虫草鸭精"和"海宝乐"还荣获国家优质新产品"金龙奖"。

该厂当时在四川省内外有 30 余家联办厂和分厂，在北京生产的红桔汽水一直处于供不应求的状况。

① 重庆井口饮料罐头厂"红雪牌"注册商标　　③ 重庆井口饮料罐头厂生产车间
② 重庆井口饮料罐头厂办公楼遗址　　　　　④ 重庆井口饮料罐头厂家属区

此处危险
禁止靠近

第57节　重庆玻璃器皿厂

1997年，我从重庆制药机械厂"下海"，自己创办城市园林企业，经历了三个阶段：第一阶段是在重庆林业科研所的支持下，投资10万元，在江北区五宝乡，培育了

12万株雪松，为日后的园林绿化工程打下了坚实的基础；第二阶段是在陈俊愉院士的支持下，在江北区复盛镇银盆村，栽了1000亩梅花，在全国范围内第一个开发了"梅

①

① 重庆玻璃器皿厂遗址
② 重庆玻璃器皿厂遗址
③ 重庆玻璃器皿厂遗址
④ 重庆玻璃器皿厂遗址

重庆玻璃器皿厂遗址

花酒"；第三阶段则是在重庆市园林局孙玉生总工的支持下，开始创办园林企业。在搞"梅花酒"时，我所订制的酒瓶，就是找重庆玻璃器皿厂做的。

重庆玻璃器皿厂坐落在沙坪坝区井口乡天平村 2 号。紧挨着"文化大革命"时期建造的一座仓库，这座仓库归属重庆市商业局，装有上万吨古巴白糖。我去到该厂发现，这家厂生产的酒瓶非常饱满，几个来回谈价格、谈交货时间，最后才把合同签下来。

截止于 1985 年，当时的四川省累计投资 1.29 亿元，打造了 36 家玻璃企业，重庆玻璃器皿厂是其中之一，其产品质量非常好。据 1995 年 12 月四川人民出版社出版的《重庆市沙坪坝区志》统计，1985 年，重庆玻璃器皿厂职工有 784 人，销售收入为 738 万元。

重庆三线两会 2022 年 1 月 29 日再次走进这家企业时，它已被拆得七零八落。

第58节 西南制药一厂

我从小在医院长大。在营山县人民医院的手术室，看见一个方方正正的纸盒，问父亲里面装的是什么东西，父亲就告诉我："这就是爸爸动手术使用的麻醉药，它是你妈妈她们厂生产的。"

我10岁时的一个大热天，父亲带我回重庆探亲。大概是下午4点钟、快交接班的时间，我和父亲从重庆大学的校区下坡，来到了母亲工作所在地方——西南制药一厂。门卫通知母亲出来接我们，看见我"土"得掉渣的样子，

西南制药一厂家属区原址

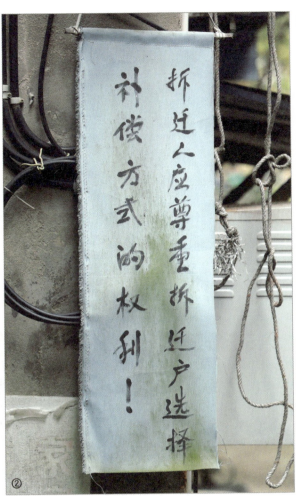

①　②　③

母亲转身去车间，给我弄了一份清凉饮料。这是我这一辈子吃到的第一份、也是最香最甜的一份清凉饮料。

我参加工作之后，重庆医药工业公司在西南制药一厂组织了一届"政工班"的学习，我有幸在西南制药一厂小住了两三个月。那个时候我们才知道，西南制药一厂是中国西南地区"合成原料药之母"，它也是民国政府留给重庆人民的第一座化学制药厂。重庆解放后，在西南军政委员会管理重庆期间，贺龙元帅曾有力支持过西南制药一厂。

西南制药一厂的厂名也是原国防部长张爱萍提写的。当时这家厂子效益多好的，近2000人的国有骨干企业，四班三运转，那真的是红红火火。

西南制药一厂地处沙坪坝的中渡口，占地11万平方米，总资产4亿多元，系国家重点打造的包括原料药、中间体、成品药生产研发于一体的国有大型二类企业。当年其"西南"牌产品，不仅畅销国内市场，而且外销40多个国家和地区，其出口产品占到了全厂产品的8%，年创汇达 1500 万美元之巨。

为了做强、做大重庆医药产业，并培育成重庆市的一根"经济支柱"，重庆市政府对医药行业的企业进行了兼并重组：将西南制药三厂、桐君阁制药厂、医药公司 3 家上市公司合并于太极集团；北大方正兼并了西南制药五厂、西南制药二厂等单位；嘉溢华公司兼并了西南制药一厂。

2002 年至 2004 年，由重庆嘉溢华公司出资，将西南制药一厂从沙坪坝区陆续全部搬入江北区寸滩。因重庆市主城区发展需要，2007 年 7 月，重庆市人民政府决定，西南制药一厂搬迁出主城区。2009 年 2 月，西南制药一厂整体搬迁合川工业园区化工园，占地面积达 700 亩。

① 西南制药一厂职工生活区遗址
② 西南制药一厂职工生活区遗址
③ 西南制药一厂职工生活区遗址
④ 西南制药一厂职工生活区遗址
⑤ 西南制药一厂职工生活区遗址

第59节　西南制药三厂

中学时代有一位同学叫姜庆，我们的关系比较好。一个暑假的上午，他约我一块儿去沙坪坝区天星桥，到西南制药三厂探望他在幼儿园工作的姐姐。这是我第一次去西南制药三厂，感觉到这座药厂的壮观和气派。

大学毕业后，我当了重庆制药机械厂的团委书记，与西南制药三厂同属一个行业，又在一个行政管辖区内，接

触的时间就多了起来。

西南制药三厂的团委书记杨秀兰做了该厂大输液车间的党支部书记，我也改任我们药机厂的销售科长。西南制药三厂从我们厂买了两条大输液生产线，我们厂仿制了他们厂从瑞典进口的大输液灭菌柜，两家企业走得很近，且经济效益都很好。到最后，他们厂越来越好，而我们药机厂则破了产。

西南制药三厂的源头有两个：一个是国民政府中央卫生署麻醉药品经理处所属的第一制药厂，另一个是公私合营股份有限公司的中央制药厂。1950年，两厂合并为"重庆制药厂"，后移交西南军政委员会工业部领导。同年8月，又改名为"西南工业部重庆制药厂"。1953年4月，该厂划归西南行

① 西南制药三厂大门
② 西南制药三厂综合楼
③ 西南制药三厂生产车间

① 西南制药三厂家属区集锦
② 西南制药三厂家属区集锦
③ 西南制药三厂家属区集锦
④ 西南制药三厂家属区集锦

政委员会地方工业局管理，并与地处沙坪坝中渡口的西南制药厂合并，更名为"西南制药厂重庆分厂"。1959年迁厂址至沙坪坝的天星桥。三线建设开始后的1965年1月，定名为"西南制药三厂"。

三线建设之前，该厂主要生产针剂、片剂和葡萄糖注射液3个剂型。三线建设时期，重庆医药工业全行业技改扩能后，该厂平均每年有10余种新产品试制投产，建立了自己的玻璃车间，开始自己生产药用玻璃制品。并且逐渐把自己已有的片剂、针剂等剂型做到了西南地区乃至全国之最大。其中，该厂生产的扑热息痛片、氯霉素注射液、干酵母片、糖盐水输液等产品曾先后获得国家医药管理局及省、市优质产品称号。

据1995年四川人民出版社出版的《重庆市沙坪坝志》记载："经过70多年的建设和发展，产品不断增多，规模逐渐扩大。到1985年，全厂有职工1588人，其中工程技术人员85人，拥有固定资产原值1915万元，净值1210万元，主要设备130台（套）。全年完成工业总产值7500万元，实现利润686万元。该厂现有6个车间。"

1992年3月，西南制药三厂在全国医药行业中率先进行股份制试点。5月13日定名为"西南药业股份有限公司"。1993年7月12日，公司股票在上海证券交易所挂牌上市，为我国第二家医药上市企业。2002年并入太极集团。

④

第60节　重庆东风化工厂

重庆东风化工厂位于重庆市沙坪坝区井口镇，占地482亩，总资产8亿元，员工1200余人，系中国无机盐生产的骨干企业，也是首家进入国际铬发展协会的中国成员单位。

重庆东风化工厂现名重庆民丰化工有限责任公司，主要从事的"民众牌"铬盐系列产品生产和销售，迄今已有60多年的光辉历史。通过60多年的努力，其铬盐生产从经济技术指标到环保治理，一直在国内同行业领先，是行

①

业的龙头企业。

20世纪80年代后期，一天上午，作为重庆制药机械厂销售科长的我，同分管销售的副厂长石崇华一块儿来到位于沙坪坝井口的重庆农药厂走访用户。事前我们商量好，不在重庆农药厂吃午饭，到他的电大同学、东风化工厂主管财务的副厂长那儿去"勾兑"：不是仅仅去吃一餐午饭那么简单的事儿，东风化工厂的铬盐、红矾钠正计划扩能，我们想去"搞着"——弄点产品出来销售。

重庆东风化工厂最早的源头在重庆江北董家溪。1950年8月，私营怡怡化工厂停业后，由私营中央药房投资成立重庆民众化学制药厂，有职工16人。1954年9月，经重庆市人民政府批准，重庆民众化学制药厂成为重庆市第一家公私合营企业。1957年3月，该厂从江北的董家溪搬迁到沙坪坝的井口

① 改制后的重庆东风化工厂
② 重庆东风化工厂地址、标志牌
③ 重庆东风化工厂原办公楼

乡二塘村，同时厂更名为"重庆民众化工厂"。

让重庆东风化工厂后来引以为傲的产品——红矾钠，其实不是它自己研制的，而是来自并入它的另一家化工厂。

1959年，公私合营的建设化工厂率先试制成功了红矾钠，1960年即组建生产液体红矾钠，其产品规格为50%。1961年，建设化工厂并入当时的重庆民众化工厂，红矾钠产品由重庆民众化工厂继续生产，1962年仅生产了51吨。

三线建设开始之后的1965年，经四川省计委、省化工厅批准，重庆民众化工厂新建固体红矾钠车间，年产量为750吨。1966年，该车间竣工投产，厂名被更改为"重庆东风化工厂"。次年，其产量达到了449.7吨。

红矾钠化学名称为重铬酸钠，主要用于电镀、燃料、鞣革、

① 重庆东风化工厂生活区
② 重庆东风化工厂生活区
③ 重庆东风化工厂生活区
④ 重庆东风化工厂生活区
⑤ 重庆东风化工厂生活区

③

④

⑤

香料、颜料、医疗及军工生产等行业。继 1967 年量产之后，国家又于 1974 年、1978 年、1981 年多次投资，对重庆东风化工厂进行技术改造和扩大产能，到 1982 年，产量已经增加到了 1902 吨。同年，该厂再次对红矾钠车间进行技术改造，第二年建成年产 3000 吨吊盘浸取的红矾钠处理装置。

在红矾钠工程上马的同时，重庆东风化工厂还新建了一座年产量为 300 吨的铬酸酐生产装置，于 1966 年投产。1976 年，该厂对铬酸酐生产进行了重大技改，其生产原料由固体红矾钠改为了红矾钠母液，从而降低了成本，提高了效率。至 1985 年，铬酸酐的实际生产能力达到了年产量 869 吨。

①

②

1997 年 3 月，重庆东风化工厂与重庆农药厂合并，组建重庆农药化工（集团）有限公司。1999 年 5 月，重庆农药化工（集团）有限公司剥离其优良资产，发起设立股份有限公司——重庆民丰农化股份有限公司。

2005 年 12 月，上市公司重庆民丰农化股份有限公司实施重大资产重组，其置出的全部资产无偿划转到重庆农药化工（集团）有限公司，上市公司重庆民丰农化股份有限公司的股权划入中国核工业建峰化工总厂。

2007 年 5 月，重庆市国资委以"渝国资改〔2007〕38 号"文件，同意重庆农药化工（集团）有限公司改制分立。农药生产经营部分保留在原重庆农药化工（集团）有限公司；由重庆化医控股（集团）公司出资成立重庆民丰化工有限责任公司，与铬盐生产经营相关的资产、负债等转移到重庆民丰化工有限责任公司。

2008 年，因为环保搬迁，重庆民丰化工有限责任公司投资 5838 万元，国债补助 20433 万元，把工厂从沙坪坝井口搬迁到了重庆市潼南凉风垭工业园区，占地 600 亩。该项目采用俄罗斯先进成熟的无钙焙烧方法，实施清洁、环保、安全、高效的生产，最终实现了铬废水循环使用不外排，铬渣无害化处理和其他污染物达标排放的终极目标。

① 重庆东风化工厂生活区
② 重庆东风化工厂家属楼
③ 重庆东风化工厂生活区环境
④ 重庆东风化工厂篮球场

第61节 重庆农药厂

　　重庆农药厂是国家化工部定点生产农药的专业厂家，同时也是西南地区最大的农药生产基地。从1952年建厂以来，特别是国家三线建设把该厂列为化工部扩建的两个厂之一，国家累计投资达4166万元，形成了一个具有相当规模、装备良好、测试手段齐备、技术力量比较雄厚、产品品种多样化的综合性的农化类中型国有企业。

　　该厂依靠自身的综合实力，主要开发了乐果、乐果原粉、白虫灵等主要产品。我在做重庆制药机械厂销售科长

①

的时候，该厂是我们的基本用户，我们厂给农药厂配送的化学搪玻璃反应罐，没有 100 台，也有 80 台。我从搞园林公司，栽植植物，用该厂的产品也有好几十万元人民币了。

重庆农药厂的乐果乳油和氧化乐果乳油先后获化工部优质产品奖，不仅早已立足重庆和云贵川，还不断扩大出口，占领一定份额的国际市场。据 1995 年 12 月四川人民出版社出版的《重庆沙坪坝区志》记载："该厂现有职工 1806 人，其中工程技术人员 74 人，拥有固定资产原值 2546 万元，净值 1973 万元，主要设备 70 台（套）。1985 年完成工业总产值 2936 万元，实现利润 81 万元，化学农药生产能力达 1500 吨。"

记得该厂在搬离井口时，时任重庆市长黄奇帆说了一句话：农药厂是纳税大户，同时也是污染大户。

① 重庆农药厂原址
② 重庆农药厂原址

②

第一章 重庆市沙坪坝区企事业单位

第62节 重庆松山化工厂

重庆市生产力发展中心 2016 年 12 月编著的《重庆三线建设遗址调查与保护利用研究》当中有这样一段文字：重庆化学工业，通过沿海企业搬迁和原有企业改扩建，实力进一步增强。三线建设期间新建了松山化工厂等 18 家

化工企业，使重庆成了我国重要的综合性化工基地。由此可见，现已从沙坪坝烈士墓拆迁了的重庆松山化工厂，曾经是重庆市化工行业当中的一面旗帜。

我太太的大姐龚志清，曾经是重庆松山化工厂的一名

①

① 重庆松山化工厂原址
② 重庆松山化工厂原址
③ 重庆松山化工厂原址

职工，在她调离该厂到重庆化工设计院时，我曾经去帮忙搬过家。搬家前的那个晚上，我同大哥龚志新一块儿就住在松山化工厂。龚志清大姐告诉我：松山化工厂始建于1952年，原来是一家劳改单位，叫松山农场。1972年12月由中国人民解放军0013部队移交给重庆市化工局，改名为重庆松山化工厂的。

重庆化学工业志编辑委员会1992年编著的《重庆化工志》介绍："重庆松山化工厂是重庆化工生产无机化工原料钙系列产品的专业厂家，位于重庆市沙坪坝区梨树湾，占地12万平方米。1985年有职工516人，工业总产值294万元，固定资产原值415万元，净值262万元。"该厂的主要产品为：年产轻质碳酸钙2.3万吨、SOS型活性超细碳酸钙3000吨，重质碳酸钙5500吨、AC型活性碳酸钙2000吨，钝化石灰2000吨以及液体二氧化碳2500吨。

重庆松山化工厂原址

第63节　重庆合成化工厂

重庆合成化工厂于1953年建成，1956年被列为国家"一五"计划重点化工建设单位，由苏联专家帮助进行扩建，逐渐成为我国生产热固性合成树脂、塑料及塑料成型加工的一个骨干企业。从1979年开始，该厂积极开发合成树脂和塑料加工应用技术，成长为一家从有机化工原料合成到生产合成树脂，塑料以及塑料成型的国家定点的综合性

重庆合成化工厂原址

重庆合成化工厂原址

生产企业。

　　该厂的主要生产设备有 1400 多台（套），其中从国外引进的、当时具有世界先进水平的设备和测试仪器 19 台（套）。一些新产品先后获得国家和省、市的奖励。甲醛被评为 1980 年省、市优质产品；聚氯乙烯硬板被评为 1984 年化工部优质产品；均聚甲醛获 1983 年国家经委优质产品奖；磺化酚醛树脂 SMD-1 获 1982 年石油部优秀科技成果一等奖和 1983 年国家经委优秀新产品奖。

　　重庆合成化工厂有 9 个生产车间、1 个研究所和 1 个厂办大集体。其厂址位于沙坪坝汉渝路四方井。1985 年拥有职工 2210 人，其中工程技术人员 113 人，固定资产原值 2698 万元，净值 1613 万元，全年完成工业生产总值 4622 万元，实际利润 690 万元。

　　从 1953 年建厂到 1985 年，国家先后投资 4000 万元。同时期，该厂为国家上缴的利税达 8000 万元之巨。

　　1981 年 12 月，重庆合成化工厂改组为重庆合成化工厂有限公司，经营范围包括生产、销售化工原料（不含化学危险品）、塑料模具、塑料及制品，场地、房屋及机械设备租赁等。

第64节 重庆橡胶工业公司

重庆橡胶工业公司成立于 1956 年 4 月，原名"中国橡胶工业公司重庆分公司"，是按"托拉斯"形式建立起来的央企性质的专业化公司。原系一级核算单位，1972年才下放到重庆市，改为行政性管理公司。公司本部设在重庆大坪长江二路，下属重庆轮胎厂、中南橡胶厂、长江橡胶厂、利华橡胶厂、橡胶机械厂等 5 家全民所有制企业

重庆橡胶工业公司生活区原址

和 4 家大集体企业。

重庆橡胶工业公司除生产军品轮胎（含 760×150 坦克胎）、防化服等橡胶杂件之外，主要生产民用车胎、各种型号的胶管、胶带、胶鞋、乳胶制品等 10000 多种规格。其中的 900-20 轮胎外胎、喷雾管、运输带、夹布胶管、三角带获化工部优质产品，微孔橡胶隔板还获得了国家银质奖。

该公司下属的重庆轮胎厂、中南橡胶厂、长江橡胶厂、利华橡胶厂等 4 个县团级单位，均自己办有从幼儿园到初中的子弟校、电大班。前三者还办有自己的研究所。

从三线建设开始后的 1965 年，到三线调整时的 1983 年，该公司为国家积累资金 70690 万元，其中创造的纯利润为 3.25 亿元。1983 年，该公司的工业总产值为 23953 万元，创造利润 3644 万元。

① 重庆橡胶工业公司生活区
② 重庆橡胶工业公司生活区
③ 重庆橡胶工业公司生活区
④ 重庆橡胶工业公司生活区地址
⑤ 重庆橡胶工业公司生活区

第65节 重庆中南橡胶厂

地处沙坪坝化龙桥的重庆中南橡胶厂，过去是我在国企上班时的必经之地，时过三四十年，化龙桥地区也被整体开发，就是通过两位业已退休、原在该厂工作的亲戚，我也没有能够找到它的遗址。"经过几轮改制，原来的中南橡胶厂还有一点血脉在吗？"我经常联系的有十多个微信群，计2500多人，通过他们的帮助，2022年1月21日上午，我终于走进了现如今的重庆中南橡胶厂。

重庆中南橡胶厂于1940年由华侨创办，1943年投入

① 重庆中南橡胶厂现大门
② 重庆中南橡胶厂综合楼
③ 重庆中南橡胶厂办公楼

重庆中南橡胶厂现办公楼

正式生产。初期以南洋进口胶料半成品，翻制汽车轮胎，以后逐渐发展到自己炼胶，生产胶鞋、胶底和工业所需要的橡胶配件等产品，在抗战过程中生产过不少军需产成品。三线建设前，企业定型为橡胶管带制品生产企业，主要生产运输带、传动带、三角带、风扇带、夹布胶管、吸引胶管、棉编胶带、钢编胶管等 8 大类产品、2500 多品种规格。

三线建设开展之后，国家定位要把重庆建设成为一座"我国重要的综合化工基地"，同时对重庆中南橡胶厂投入资金进行技术改造并扩大产能，引进了美国最先进的针织胶管生产线和第四代钢编机。

1985 年，该厂职工达到了 2042 人，其中工程技术员工 104 人，拥有固定资产原值 2288 万元，净值 1424 万元，全年完成工业总产值 7341 万元，实现利润 972 万元。成为西南地区橡胶管带产量最大的生产厂和国家重点企业之一。

第66节　重庆塑料一厂

三线建设开始后的 1965 年 7 月，从重庆合成化工厂的 PVC 塑料隔板车间单独划出，成立了重庆塑料一厂。同年 11 月，化工部将上海化工厂和上海塑料研究所的 PVC 硬泡等 3 个产品，交由重庆塑料一厂生产，次年生产出硬泡 13.7 吨。1979 年，根据化工部的安排，该厂积极开发 PVC 硬泡制品，大力发展化学建筑材料，推广"以

重庆塑料一厂原址

④

塑代木"。

1981 年 12 月, 该厂年产 2000 吨硬 PVC 板材生产车间投产, 可产硬片 4000 吨／年, 硬板 1500 吨／年。

1984 年 6 月, 从意大利引进的年产 5000 吨 PVC 异型材生产线投产, 开始生产塑料地板、门窗。同年 11 月, 从奥地利引进的年产 1500 吨 PVC 低发泡板材生产线投产。1985 年底, 由联邦德国引进的年产 2000 吨建筑用硬 PVC 管材及管件生产线设备运抵该厂, 次年 4 月生产线建成, 可生产 63-160 毫米范围内的 7 种管子。

至 1985 年, 重庆塑料一厂 PVC 加工设备年总产能力达到了 5512 吨, 其中硬板生产能力 1500 吨, 低发泡板材及透明板材 1500 吨, 异型材 500 吨, 挤出管 2000 吨, PVC 软泡 9 吨, PVC 硬泡 3 吨。

1985 年, 该厂各种 PVC 制品的产量为 1171 吨, 时有职工 643 人, 产值 1576 万元, 注册生产地址为沙坪坝汉渝路 82 号。

① 重庆塑料一厂原址
② 重庆塑料一厂原址
③ 重庆塑料一厂原址
④ 重庆塑料一厂原址

第67节　重庆第一棉纺织厂

在重庆人的口头中，重庆第一棉纺织厂被简称为"重棉一厂"，其源头是河南郑州的豫丰纱厂。

1939年1月，豫丰纱厂迁来重庆沙坪坝的土湾，取名为"豫丰和记纱厂重庆分厂"。重庆解放后，1950年，更名为"西南人民纺织公司重庆纱厂"。1951年改名为"六一〇厂"，划归西南纺织管理局。1957年，原渝新纺织厂及大明纺织厂染色工段并入该厂，定名为"六一〇纺织染厂"。1963年1月1日，工厂更名为重庆纺织染厂。三线

①

① 重庆第一棉纺织厂遗存
② 重庆第一棉纺织厂地址
③ 重庆第一棉纺织厂地址
④ 过去的记忆
⑤ 重庆第一棉纺织厂环厂梯坎

建设开始后的 1964 年 7 月 1 日，该厂被一分为三，原豫丰纱厂成了重庆第一棉纺织厂。

重庆解放时，该厂只有纱锭 33452 枚，职工 2000 人。解放以后，在党和政府的支持下，该厂产品规格品种、产量质量均有了一定的提高，特别是三线建设时期，国家加大了对工厂的技改支持和产能扩大，先后累计投入了 4617 万元。到 1985 年，重庆第一棉纺织厂有职工 5056 人，其中女工 2932 人，拥有固定资产原值 3406 万元，净值 1204 万元，实现销售收入 7199 万元，利润 688 万元。

该厂的主要产品有纯棉与涤棉的纱、线、布，并生产部分军工特需品；各种规格精梳或普梳的棉纱、股线及棉布，常年出口的纯棉、棉纺织产品，受到外经部门的赞誉和荣誉证书。该厂非常重视产品质量，大多数产成品均能达到省、部级优档水平。1983 年获国家计量总局"先进计量单位"称号。

③

④

第68节　重庆第二棉纺织厂

抗战时期，郑州"豫丰"、汉口"裕华"、上海"申新"四厂、军政部纺织厂、湖北沙市纺织厂等13家大型棉纺厂迁渝，重庆第二棉纺织厂（下文简称"重棉二厂"）就源自其中的汉口泰安纱厂。

1938年，泰安纱厂迁至重庆土湾，改组为国民政府军政部第一棉纺厂。抗日战争胜利后，将原南岸的军纺二厂并入，成立了联合勤务总司令部重庆被服总厂纺织厂。1948年初，该厂卖给了中新纺织公司。解放后，从1950

年开始，到 1954 年为止，四川万县的万成纱厂、六一二纺织印染厂以及重庆南岸的中新纱厂逐步合并，组成了渝新纺织厂。1957 年，渝新纺织厂并入了六一○纺织染厂，成为该厂的南纺工场和南织工场。三线建设开始后，渝新纺织厂又独立出来，成为重庆第二棉纺织厂。

重棉二厂因地制宜，扩建了厂房，更新改造了大批设备，生产能力逐渐扩大，花色品种日益增多，且拥有"旭光""红岭""跳鲤"和"金竹"等注册商标。从 1980 年起，该厂还承接了大量的外商来料加工，其"兰凤"商标 32 支精梳筒子纱在香港市场颇有声誉。30×36 纯棉细布出口产品还远销日本及东南亚地区。

作为重庆纺织行业的骨干老厂，重棉二厂重视推行全面质量管理，不断调整产品结构，

① 重庆第二棉纺织厂遗址
② 重庆第二棉纺织厂遗址

②

使其产品质量得到不断的提高。1981 年，涤棉 42×2×24 华达呢及涤棉 42/2+24×24 异经隐条布和 32 支精梳棉针织纱，均被四川省评为优质产品；1983 年，精梳 80/3 纯棉股线，荣获国家银质奖，且形成了企业的竞争优势。

1985 年末，该厂有职工 4680 人，其中女工 2829 人，拥有固定资产原值 3226 万元，净值 1443 万元。全年完成工业总产值 7763 万元，实现利润 721 万元。

历年国家累计投资 3708 万元，工厂累计为国家上缴利税达 3.8 亿元，形成了年产棉纱、线 8000 吨以上，棉布 3800 万米以上的生产能力。

① 重庆第二棉纺织厂家属区
② 重庆第二棉纺织厂遗址

第69节　重庆供电局

1950年初，人民政府派出军代表接管国民政府的重庆电力股份有限公司，4月，改称为"重庆电业管理局"，管理各发电厂、供电网络和用电业务。1951年5月14日，改称为"重庆电业局"，下辖的机构有线路科、业务科、江北办事处、南岸办事处、沙坪坝办事处。1954年7月，设线路管理局、营业科；1955年，设电网管理所、营业所；1978年12月更名为"重庆供电局"。

所谓供电局，在电力体制改革之前，由国家电力工业

重庆供电局电力小区

① 重庆供电局办公楼
② 重庆供电局工程队
③ 重庆供电局办公楼

部直供直管的供电企业，都称之为供电局。20 世纪 80 年代开始，中国电力体制进行改革，朝着政企分开、政监分开、厂网分离、主辅分离的方向逐步深化。1988 年开始，部分地级市供电局更名为电业局，县级供电企业都叫供电局。

1985 年，重庆供电局根据供电网络的结构和生产发展需要，下设城区、沙坪坝、杨家坪、南岸、北碚、长寿、綦南 7 个分局及送变电工程处，修理试验厂、汽车队、金属加工厂等单位。全局共有变电站 61 座，主变压器 105 台，总容量 2398000 千伏安；其中，220 千伏安 5 座，主变压器 8 台。

重庆供电局位居沙坪坝区沙南街 60 号，距重庆制药机械厂一街之隔。在 20 世纪 80 年代，两家单位是友好邻居，除工会、共青团组织的各种交谊舞之外，还经常进行篮球友谊赛。那个时候重庆供电局的营业收入不到 200 万元，但职工却多达 3761 人。

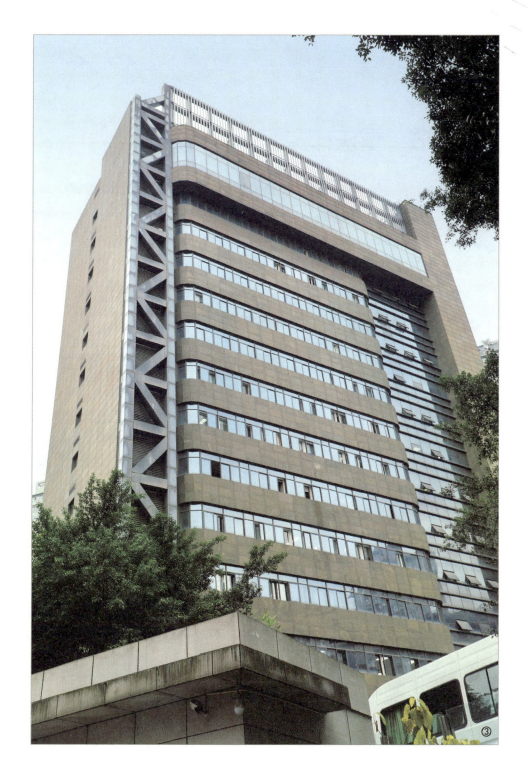

第70节 重庆印染厂

20世纪70年代中叶的一个星期天，我们一家人起了个大早，从市三院飞来寺下到文化宫，每人4分钱，坐上1路电车，到达牛角沱；每人再花1角2分钱，转乘16路公共汽车，抵达沙坪坝的土湾——我们去舅舅全茂梁家做客。

舅舅的家在土湾车站后面的半山腰上，是"文革"时舅舅从织造厂拉的废旧材料自己建的房，我也曾经参加过建房的劳动。

① 重庆印染厂生活区遗址
② 重庆印染厂生活区遗址
③ 重庆印染厂生活区遗址
④ 重庆印染厂生活区遗址

舅舅家中有舅妈、表妹在纺织厂上班，那个时候我们小，也没有留心去把她们上班的厂区分清楚，是重棉一厂、重棉二厂还是印染厂什么的。

舅妈是解放前纺织厂的童工出身，对重庆印染厂非常熟悉。

重庆印染厂始建于1953年，1954年正式投产。当时它是重庆六一〇纺织厂的一个染色工场，设计能力年产3000万米纯棉色布。三线建设开始后，因为有军工特需品生产任务，1964年，六一〇纺织染厂被拆分为重庆第一棉纺织厂、重庆第二棉纺织厂和重庆印染厂。从此，重庆印染厂即作为一家独立经营的企业了。

从三线建设开始至1985年，国家先后投资了3600万元，把重庆印染厂从建厂时的10个纯棉品种，发展到300多

① 重庆印染厂生活区遗址
② 重庆印染厂生活区遗址
③ 重庆印染厂生活区遗址
④ 重庆印染厂生活区遗址

④

①

②

个品种、1000多个花色，有涤棉、纯棉、涤粘中长、苎麻以及军工、医药等工业特殊使用并色织整理等，成为一家产品质量和经济效益都不错的全国纺织行业重点骨干企业。该厂生产的18×18丝光凡拉明蓝布、23×21丝光纳夫妥大江布等47个产品，被评为四川省优质产品，并荣获国家经委优秀新产品奖。

1985年，该厂有职工2160人，其中工程技术人员83人，拥有固定资产原值3612万元，净值2602万元，全年完成工业生产总产值11465万元，产量达到5485万米，实现利润48万元。

重庆印染厂的产品除大量内销之外，还逐步转向外销，部分产品还销往了美国、新加坡、土耳其、巴西和中国香港地区。从建厂至1985年，累计上缴国家利税达4.2亿元。

① 重庆印染厂家属区
② 重庆印染厂家属区

第71节 重庆丝纺厂

在2022年春节前召开的重庆市团商企业家协会的年会上，我和原重庆市外贸公司的负责人许明权先生同时被增补为副会长，两人并肩坐到一起。从开始"跑三线"之后，我去过重庆茶厂、重庆猪鬃厂、重庆香料厂等外贸企业，但许明权先生告诉我，重庆外贸的最大企业是重庆丝纺厂。这让我大吃一惊，真是山外有山、楼外有楼啊。

重庆丝纺厂地处磁器口地区金沙正街131号。我原来工作了17年的重庆制药机械厂，离磁器口不远，当时厂

重庆丝纺厂遗址

里也有不少职工的家属就在重庆丝纺厂上班，那时候重庆丝纺厂的效益多好的。

听许明权先生这么一说，2022年1月27日，我就专门去了磁器口。重庆丝纺厂早已"熄了火"，原来的厂区肯定是没有了。在邻近金沙正街的山头上，我看见一大片的库房和家属区，告诉驾驶员桂斌师傅：不用问了，我们直接把车子开上山头去，那儿肯定就是我们今天要找的重庆丝纺厂。

1840年以后，西方列强强迫清政府开五口岸通商，这也刺激了四川蚕丝生产的发展。清同治十年（1871年），含重庆在内的四川地区，即有6000包川丝，经上海运销国外（《重庆开埠史稿》第94页，重庆地方史料组，1982年6月版）。重庆丝纺厂的前身叫恒源丝厂，它就是在这种大背景下于1909

① 重庆丝纺厂遗址
② 重庆丝纺厂遗址
③ 重庆丝纺厂遗址
④ 重庆丝纺厂遗址
⑤ 重庆丝纺厂遗址

①②③

年在磁器口创办的。

　　1912—1930年，蚕丝畅销，制丝业利厚，特别是1923年日本大地震之后，日本产丝量锐减，川丝在上海售价每担（编者注：中国市制重量单位，一担等于50千克）曾达白银1700多两（《四川近代贸易史料》第206页，1990年11月，四川大学出版社），真的是"一两生丝一两银"啊。是时，重庆的银行、钱庄、盐业、匹头棉纱业，乃至军政各界，均投资于丝纺业。1938年3月，四川丝业公

司整合各方资源，组合成了新的实力更加雄厚的重庆丝纺厂。

　　20世纪50年代，各地军事管制委员会相继接管了四川丝业公司。60年代，偿还苏联债务的300吨丝全部由四川承担。随后的三线建设期间，国家计委、国务院财贸办公室批准专款，致力于包括重庆丝纺厂在内的丝绸业的技术改造和扩大产能。至此，重庆丝纺厂生产规模达到了立缫3020绪，绢纺11016锭，紬丝2160锭，织机148台

（套），规模空前。1985年，有职工3391人。

中国古代的"丝绸之路"非常有名，现在我们的"一带一路"倡议也把它列入其中。可以说，中国的对外交流、对外贸易的历史就是一部中国丝绸的发展历史。改革开放以来，中国丝绸工业有了长足的发展，中国丝绸产量居世界第一位，茧丝和绸缎可以主导国际市场生产和价格走势。随着世界经济结构的调整及国际丝绸贸易和消费格局的变化，世界丝绸业生产中心正在逐步向中国转移。至2020年五一我开始"跑三线"以来，我去过10多家丝纺厂，但现在仍然在运转的，真的是太少了。

① 重庆丝纺厂遗址
② 重庆丝纺厂遗址
③ 重庆丝纺厂遗址
④ 重庆丝纺厂遗址
⑤ 重庆丝纺厂遗址

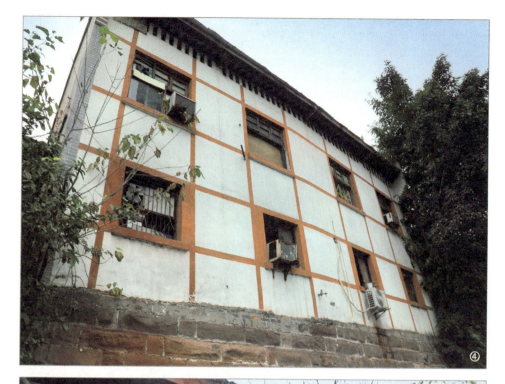

第72节 重庆针织总厂

重庆针织总厂是原重庆市纺织局直接管理的一家大型国有企业，是国家定点生产针织内衣、化纤面料和服装的专业厂。其厂址位于庹家坳。

该厂的前身是由 10 多家针棉织厂、社合并而成。自1954 年（一说 1950 年）建厂以来，经历了从分散到集中，从私营、公私合营到国营的历史变革，逐步发展成为新型的全能针织厂。重庆针织总厂下属 6 个分厂，有固定职工2290 人，其中工程技术人员 16 人，厂办大集体 1 家，联

营厂 10 家。

　　三线建设之前，这家厂的规模并不大，产品也比较单一，市场覆盖能力也比较有限。后来随着生产的发展，特别是三线建设以及之后的三线建设调整时期，国家前后投入了 3450 万元对企业进行技术改造，使其产品种类、产量、质量都有了很大的提高。主要产品有汗衫背心、棉毛裤、卫生衫裤、经纬编化纤面料及针织服装，除内销外，还出口到了日本、美国、法国、意大利、荷兰、澳大利亚、阿尔及利亚等 10 多个国家，远销中国香港。

　　1985 年，该厂拥有固定资产原值 2142 万元，净值 1453 万元，有编织主机 200 多台。全年完成工业总产值 4990 万元，实现利润 111 万元。是时，该厂已形成年产针织内衣 1600 万件，其中汗衫背心 1000 万件，棉毛衫裤 350 万件，卫生衫裤 250 万件，年产经纬化纤面料

① 重庆针织总厂原址
② 重庆针织总厂遗址

②

重庆针织总厂原址

320 万米，服装 10 万件的生产能力。

20 世纪 80 年代初提出"四个 100 台"不切实际的宏大规划，先后从英国、瑞士、联邦德国引进先进设备共 30（台）套，但 30% 没有使用。加之整个宏观因素的负面影响，1985 年微利，1986 年亏损 124.3 万元，出现建厂以来第一次亏损。

1985—1990 年，重庆针织总厂换了 5 任厂长、4 位党委书记。1984—1986 年，该厂职工涉及 18 起刑事治安案件。

1986 年之后，重庆针织总厂连年亏损。截至 1992 年 6 月，累计亏损 2469.6 万元，内外负债总额 8250 万元，产品积压 2000 万元，资产负债率 187%（一说 191%）。另欠职工工资和集资约 430 万元。同年 11 月 3 日，重庆针织总厂正式破产。这成为当时《企业破产法（试行）》颁布实施以来国内最大的国有企业破产案，"开国营大型企业破产之先河"。国有企业"铁饭碗"不再是"铁"了。

1993 年 3 月，重庆海外实业开发总公司买下重庆针织总厂变卖财产和 158 亩土地使用权，并决定不转产，同时招聘 800 名原厂员工，改名重庆海外针织总厂。

第73节 重庆第二针织厂

重庆第二针织厂的前身是重庆染整厂，由国民政府经济部工矿调整办公室和军政部军需署于1939年投资建设，厂址在沙坪坝大杨公桥。

1949年，重庆染整厂被中国人民解放军重庆市军管会军需接管部接收，1950年更名为504厂，以染布为主。1951年，西南军区生产管理局将电动袜机32台调往该厂，

重庆第二针织厂原址

其中有日本造 B 型机 20 台、国产 K 型机 12 台，其生产主要任务是编制军袜。1956 年，该厂被移交给重庆市工业局，并更名为"重庆第二针织厂"。

1960 年，重庆第二针织厂拥有由电动织袜机 68 台组成的织袜生产线和由电动毛巾机 48 台组成的毛巾生产线。三线建设开始后，按国家规定，该厂进行了专业化改造，其原来的毛巾生产设备全部调出，将重庆织造厂的 12 台电动织袜机调入，使得该厂成了织袜专业厂。

1964—1970 年期间，重庆第二针织厂依靠地方财政投入，增加了电动袜机和后整理设备。1975 年末，已有电动织袜机 238 台，形成了年产袜子 600 万双的生产能力。

随后，该厂千方百计引进了捷克斯洛伐克和意大利的袜机 32 台，并更新了一批国产袜机，使生产规模扩大了 20%。1980 年，国家科委、重庆市经委和纺织局批准投资 186 万元，新建恒温式织袜车间 5661 平方米。1985 年，该厂拥有电动织袜机 448 台，纬编大圆机 20 台，职工 1533 人，固定资产原值 1272 万元，是全四川省织袜工厂中唯一的中型企业。

① 重庆第二针织厂遗址
② 重庆第二针织厂遗址
③ 重庆第二针织厂原址
④ 重庆第二针织厂原址

第74节　重庆预制构件工业公司

　　所谓预制构件，是指按照设计规格在现场或工厂预先制成的钢、木或混凝土构件。

　　我太太家姐妹6个，二姐、妹妹和各自的丈夫，原来都在重庆预制构件工业公司工作。这个公司的总部在沙坪坝石杨路32号，也就是当年重庆啤酒厂的隔壁。公司下属4个厂，其中二厂在石杨路，离公司总部大约有两站路的样子，四厂在今天的江北区五里店——2022年2月10日，我还去照过几张相片。

②

③

① 重庆预制构件工业公司遗址
② 构件四厂生产车间遗址
③ 构件四厂生产车间遗址

①

②

三线建设前，重庆市的房屋预制构件尚处于试验、推广时期，能生产预制构件的仅限于国营建筑安装公司附设的混凝土预制场。三线建设之后，水泥预制购件生产才逐渐发展起来，并很快成立了重庆预制构件工业公司，依次建立了一、二、三、四预制构件厂。当时的房屋构件多数采用长线台座法生产圆孔板，振动成型生产梁、柱、板等产品。

为了节约钢材，改善品质，部分预制企业在生产中开始采用预应力技术。至80年代后期，圆孔板生产才开始出现机械自动化生产工艺，重庆预制构件工业公司有条件的分厂，逐渐推广和完善这一成果。随着钢模板应用技术开发成功，房屋建筑就开始采用钢模现场浇灌，预制构件慢慢地退出了自己的历史舞台。

重庆预制构件工业公司以及它的二厂、四厂我曾经去过多次，它们的预制构件大部分采用的是关木模、台座、振动成型工艺，劳动力强度是比较大的，很多一线工人都会找二姐龚志秀来开"病假条"。1985年，二姐龚志秀告诉我：重庆预制构制工业公司拥有1410位职工，当年的工业总产值是1040万元。

① 构件四厂生产车间遗址
② 构件四厂生产车间遗址
③ 沧桑的职工家属区
④ 沧桑的职工家属区

第75节　重庆耐火材料总厂

重庆耐火材料总厂始建于1954年11月,1955年9月,白泥车间建成并正式投入生产,1955年10月经上级机关批准,成立"重庆矽石白泥厂"。三线建设开始后,国家对重庆及佳川的钢铁厂特别重视,为了配合军事工业的系统发展,对包括与之配套的耐火材料厂进行了调整和充实、技改和扩能,于1966年7月将重庆矽石白泥厂正式定名为"重庆耐火材料厂"。其厂址位于双碑。

三线建设开始之前,该厂的生产技术和生产条件相当

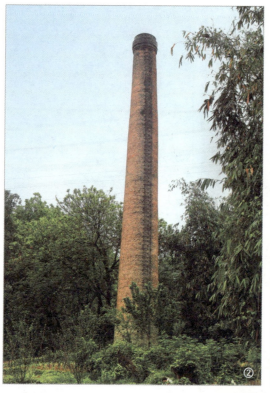

① 重庆耐火材料总
厂遗址
② 重庆耐火材料总
厂烟囱遗址
③ 重庆耐火材料总
厂公交站
④ 重庆耐火材料总
厂原址

①

②

原始，生产过程中多采用人工锤、碓窝舂、牛拉石碾等原始手段破碎原料，用手工打压成型，且使用石灰窑、无顶方窑和小圆窑烧成。产品外形粗糙，大小不均，质量低劣，浪费很大，极不适应产业化大生产和国防尖端工业生产的基本需要。

三线建设开始之后，该厂的生产运输、成型机械全部实现机械化，烧成材料、生产环境、防尘装备均进行了较系统的技术改造。同时，该厂试制研发了发热帽头砖、轻质砖、高铝质磷酸耐火材料等品种及规格。

1983年7月，重庆耐火材料厂更名为"重庆耐火材料总厂"，并管理重庆南岸耐火材料厂、重庆江南耐火材料厂、重庆北碚耐火材料厂等3家集体企业。

1985年，重庆耐火材料总厂的耐火纤维年生产能力70吨，微孔硅酸钙制品3000立方米，高铝砖和不定型砖各2000吨，黏土砖10000吨，轻质砖1000吨，一跃成为除重庆钢企耐火材料厂之外的、重庆市生产耐火材料最大的企业。

① 重庆耐火材料总厂遗址
② 只剩下残垣断壁的重庆耐火材料总厂

第76节　重庆市山城水泥厂

重庆市山城水泥厂的前身是重庆市"五七"水泥厂，筹建于 1968 年 11 月，位于沙坪坝歌乐山镇山洞村。1969 年 10 月正式动工建设，1970 年 4 月建成试生产。2022 年 4 月 2 日，重庆三线两会考察调研该厂时，留守职工、89 岁的周基绿老人告诉我们：该厂当初的设计能力是年产水泥 3.2 万吨，建设投资为 400 万元。

当时重庆市的建设急需水泥，拉水泥等候的车队要排一天一夜，供需矛盾非常突出。1978 年，重庆市又投资

重庆市山城水泥厂遗址

195万元，经过3年多的扩建和近2年的技术改造，重庆市山城水泥厂具备了每年7.66万吨的生产能力。1979年，又配套完善了2.5×10米的机械化立窑，为重庆地方水泥工业推行机械化立窑起到了带动作用。

1970—1985年，重庆市山城水泥厂累计生产水泥64.32万吨，累计上缴税利400万元。1985年，该厂拥有职工561人，固定资产原值889.5万元，净值561.1万元；完成水泥产量6.79万吨，工业生产总值325.5万元，实现利润102.7万元。

① 重庆市山城水泥厂办公楼
② 重庆市山城水泥厂办公楼
③ 重庆市山城水泥厂遗址
④ 重庆市山城水泥厂遗址
⑤ 重庆市山城水泥厂遗址

第77节　重庆特钢耐火材料分厂

重庆特钢耐火材料分厂的前身是 1938 年筹建、并于次年投产的军政部兵工署第二十四工厂火砖部。在火砖部成立前，钢厂炼钢所需耐火材料大多依靠国外进口；火砖部成立后，即可自产耐火砖、瓷制品十多个规格，计量600 吨。当时的火砖部生产设施十分简陋，成型全靠手工，粉料、砖坯的运输全靠人力担当。就是这样一个简陋构架，在抗日战争因运输受阻，原材料断档，它们利用歌乐山的"泡砂石"，仍然为钢厂的生产起到了很好的配套作用。

①

① 使用重庆特钢耐火
　材料分厂的特殊钢
　厂遗址
② 重庆特钢耐火材料
　分厂厂区遗址
③ 重庆特钢耐火材料
　分厂车间遗址
④ 重庆特钢耐火材料
　分厂车间遗址

①

②

1950年3月，火砂部复产，随后成立了和砂、作砖、烧窑、机修4个工段，开始生产包括下柱砖、盛钢砖、盛钢桶内衬砖的全套浇钢砖。1953年，该厂将日本赔偿的1台30吨油压机加以改造，成功地用于钢流砖的机械化生产。1954年，苏联专家斯芬诺夫到厂，对耐火材料生产提出了27项建议，这对于该厂提高产量和品质起到了积极的作用。

全国性的三线建设开始之后，该厂努力开发了发热帽口砖、轻质帽口砖的生产，并用高铝电炉顶砖取代了白泡石炉顶砖。该产品用于8吨电炉热装冶炼，在1965年创造了连续使用172天、冶炼1102炉的全国最好纪录。随后，该厂试制成功高铝质磷酸耐火混凝土滑板砖和高铝透气砖，并增添了10吨龙门吊车等设备，使其生产的耐火材料从1977年的10980吨，提高到了1985年的17848吨，品种规格达297个。

① 重庆特钢耐火材料分厂车间遗址
② 重庆特钢耐火材料分厂车间遗址

第78节　重庆第二建筑工程有限公司

重庆第二建筑工程有限公司成立于1953年，地处沙坪坝区天星桥，下属4个工程处，3个综合加工厂，还有土石方机械施工队、基础施工队、吊装队、装饰和水电安装队、机运站、中心实验室、新技术开发部等单位。拥有各类主要机械设备763台（套），包括意大利塔吊及配套工程电梯各1台，自升行走式塔吊15台，联邦德国35吨

重庆第二建筑工程有限公司大门

汽车及国产 8 吨"黄河牌"吊车 3 台，各类进口国产运输车辆 48 台。

自该公司成立以来，特别是在三线建设当中，曾为重庆地区的军工及配套机械建设项目做出过积极贡献。其主要的施工项目有西南计算机大厦、兵器工业部八号工程、国营 308 厂、重钢铸机厂、交机厂汽车铸造分厂、系统工程成套厂等。连续三年获得重庆市"重合同守信誉"荣誉称号。

重庆第二建筑工程有限公司还承建了重庆市著名的江北国际机场候机楼、重庆大学综合实验楼、新桥医院门诊部，以及在首届四川省质量优良评比竞赛中名列第二名的煤研所科研大楼。

1987 年，该公司拥有职工 4264 人，其中工程技术人员 224 人，拥有固定资产 1345 万元，流动资金 1884 万元，系重庆市为数不多的"信得过施工企业"。

① 重庆第二建筑工程有限公司假山
② 重庆第二建筑工程有限公司办公楼
③ 重庆第二建筑工程有限公司办公楼
④ 重庆第二建筑工程有限公司职工生活区

第79节　川东南地质队

　　重庆市地勘局川东南地质大队（下文简称"川东南地质队"）是一支综合性地勘队伍，它是国家三线建设调整时期、1982年地质工作改革的产物，由新中国成立初期组建的原地矿部四川省地矿局所属的4个地质大队的地质、矿产等专业技术人员整合而成。这支队伍集地质、矿产、测绘、水工环、工程勘察施工、地质灾害防治勘察设计及施工、地质咨询、地下水勘察设计及施工、矿业开发、岩土测试、工程物探、岩矿分析、鉴定、印刷出版等多专业

①

① 川东南地质队生产车间
② 川东南地质队生产车间
③ 川东南地质队生产车间
④ 川东南地质队队门

①

②

于一体的高科技企业。该队地址在沙坪坝先锋街。

建队以来，川东南地质队完成了川、滇、黔、皖二叠纪煤资源开采利用情况调查；完成了重庆市1:50万基础地质系列图件编制出版，且填补了重庆市这个领域的一项空白。在重庆境内新发现矿产地30余处，提交大中型矿床地质报告50余条，完成地质灾害勘察工程100多项,治理工程好几十项。

川东南地质队的主要成就有：城口县巴山钡矿、合川县干沟锶矿、天府硫铁矿、秀山县羊石坑汞矿、开县煤矿、江北坝子岩石膏矿、江津小岚垭石英砂矿、黔江水田坝铝土矿、云阳云峰山—开县岩水粉石英矿等。完成了《重庆市沿江经济带生态地球化学调查》《重庆都市圈生态地球化学评价设计》等优秀成果。该队拥有职员900余人，其中工程技术人员占65%以上。

① 川东南地质队综合楼
② 川东南地质队家属区

第80节　煤炭科学研究总院重庆分院

位于沙坪坝上桥三村 56 号的原国家煤炭部直属科研机构——煤炭科学研究总院重庆分院（下文简称"重庆煤科院"），组建于三线建设时期的 1965 年，二十年后的 1985 年，发展成为拥有 620 人的、西南地区最大的集煤炭科学研究、煤矿勘探和设计于一体的国家骨干煤炭科研企业。随着国家煤炭管理体制的改革，现今它的正式名称已

煤炭科学研究总院重庆分院大门

经变更为"中国煤炭科工集团重庆研究院"。

重庆煤科院下设 3 个研究分院、11 个研究所，主要从事工业安全领域的技术服务和产品开发，制造和销售，年销售额超过 12 亿元人民币。重庆煤科院主要从事瓦斯通风防灭火、粉尘环保、工业防隔爆、岩土物探工程、安全仪器仪表、监测监控系统、安全装备、救护技术、工程塑料等相关技术及产品的开发研究。

1999 年，重庆煤科院随同煤科总院整体转制为企业。转制后，重庆研究院实现了跨越式发展，2002 年收入首次突破亿元大关，2009 年实现收入 9 亿元，利税 2.46 亿元。

自建立以来，重庆煤科院

① 煤炭科学研究总院重庆分院家属区
② 煤炭科学研究总院重庆分院地址门牌
③ 煤炭科学研究总院重庆分院新名称
④ 煤炭科学研究总院重庆分院礼堂
⑤ 煤炭科学研究总院重庆分院办公楼

承担了国家973个研究项目。国家自然科学基金项目、国家科技重大攻关项目、行业重点项目及省市科研项目740余项，其中210余项获国家发明奖和国家、部省市科技进步奖，40余项获国家专利。形成瓦斯综合治理、煤层气开发与利用、气体粉尘煤防治、火灾防治、尘害治理、矿井通风等全方位服务于矿山、隧道及桥梁、石化、消防、天然气、冶金、电力和建筑业的高科技工程企业。

① 煤炭科学研究总院重庆分院标志
② 煤炭科学研究总院重庆分院家属区

第81节 重庆化工设计研究院

我太太的大姐龚志清、大姐夫应礼和，是分别从三线扩能企业重庆松山化工厂、长寿化工厂调到重庆化工设计研究院的。一个负责办公室工作，一个作为该所的副总工程师。因为这个原因，我大概是1985年去过该设计研究院。那个时候他们在石桥铺长石村，只有123个人，其中有职称的技术人员只有95人。待我2022年1月26日"跑三线"

① 重庆化工设计研究院办公楼
② 重庆化工设计研究院综合楼
③ 重庆化工设计研究院车库及广场

再去到这个研究院时，已经发展得非常好了，并且搬家到了重庆市高新技术开发区。

重庆化工设计研究院成立于三线建设刚开始的 1964 年，是一所配套比较齐全的设计研究单位。该院以化工工厂设计为主，并开展了精细化工产品的开发研究。设有化工工艺、化工机械设备、总图运输、工业与民用建筑、自动化控制、电气、给排水、冷冻、暖通空调、热工、工程概算等专业。同时拥有一支比较精干的科研队伍，具有一定的技术力量和设计、科研经验。

该院承担过氮肥、磷肥、有机农药、基本化工及无机盐、有机化工产品、医药、食品冷藏、压力容器、天然气管网、复合氨基酸新工艺、"8202"金属表面清洁剂、除油除锈剂的制造及生产技术、羟甲基纤维素工艺技术、高级口腔脱臭、增香清洁剂、止痒生化灵、多元复合干燥粒新工艺，植物生长助剂的研究和开发，在西南地区有一定的知名度。

③

第一章 重庆市沙坪坝区企事业单位

巴山蜀水

三线建设

BASHANSHUSHUI SANXIANJIANSHE

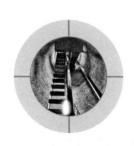

重庆市双桥区企事业单位

一年时间里，我去了六次双桥区，去看它的川汽厂，去看它的博物馆，去买它的三线建设时期的旧设备。在第一次重庆三线两会与双桥区领导及各部门的研讨对话会上，我提出了一个观点让他们眼前一亮：川汽工业园区具有世界工业文化遗产的潜质。

记得若干年前，我率队去瑞典考察沃尔沃汽车博物馆，我原以为沃尔沃只是造小汽车的，走进去一看，它让我大吃一惊：原来沃尔沃是一家综合性的军工厂，它早在"一战"前就生产飞机发动机了，且现今那个时代的飞机发动机样品还在闪闪发光，一点锈迹都没有。另外它的重汽做得非常精致，在欧洲占了很大的市场。

双桥区因川汽厂而起，也因川汽厂而兴。1974 年，因四川汽车制造厂的建设需要而设立该区；2011 年，因为四川汽车制造厂的搬迁而撤销并入大足区。

川汽厂来之不易，是共和国第一任总理周恩来与法国著名的戴高乐将军亲自敲定的一个项目。虽然现在搬到重庆市两江新区去了，产值已逾 200 个亿，但是它的根还在双桥，还在千千万万的三线建设者的心里。希望我们永永远远地记住这段历史，记住这段激情燃烧的岁月，记住这段美好的回忆。

第二章

第01节　四川汽车制造厂

一

　　20世纪60年代，为了加强国防建设，从法国引进了贝利埃公司军车制造技术、图纸和设备，生产重型越野汽车，作为装备部队之用。第一机械工业部派人到三线地区建设的大后方——四川省考察后，报国务院、中央军委批准，于1964年6月决定，将停建的宜宾高压电器厂改建为宜宾重型汽车制造厂。

①

当时，由于宜宾高压电器厂厂址的地理位置、自然环境及资源条件等更适用于核工业的建设，于是核工业部提出并经周恩来总理批签，宜宾高压电器厂划归核工业部，宜宾汽车制造厂另选地址兴建。为此，一机部准备在成渝两地选址，四川省和重庆市同意在成渝铁路沿线的内江和永川之间选址兴建，一机部考察后，初定厂址于成渝铁路邮亭铺站附近的大足县邮亭公社高家店。

动工不久，一机部部长段君毅亲临现场考察后指出：该处不符合"靠山、分散、进洞"的三线选址的原则，必须另行选择。直到1964年末，方才决定靠近巴岳山麓、北邻龙水湖，距成渝铁路邮亭铺站9千米的大足县双路公社龙星大队（现驻地）。

1964年10月，国务院"（64）国计字502号文"批准正式组

① 四川汽车制造厂大门
② 四川汽车制造厂雕塑

②

建四川汽车制造厂（下文简称"川汽厂"），旋即展开建厂工作。是时，来自济南汽车厂、第一汽车厂、南京汽车厂、北京汽车厂、杭州发动机厂、长春汽车研究所、武汉锅炉厂等单位的职工，解放军浙江舟嵊要塞集体转业复员军人，刚毕业分配的大中专毕业生，共2000余人，云集大足，与原宜宾汽车厂职工和解放军五十四军当年集体转业军人，一道开始了艰苦的创业历程。

1965年7月5日，宜宾重型汽车制造厂开始拆迁，至8月8日搬迁完毕。根据中国汽车工业公司的决定，该厂更名为湖滨汽车制造厂。

1965年10月，该厂正式破土动工兴建，次年即试制成功第一辆"红岩牌"CQ260型军用越野车，从此开始了中国生产重型汽车的光荣历史。

1970年，湖滨汽车制造厂下放地方，党、政关系隶属于重庆市，但其生活供应、社会治安又属四川省大足县管理。1972年8月，湖滨汽车制造厂更名为大足汽车制造厂。

由于该厂所在地离大足县城30千米，当时所落户的双路公社仅有公社和大队设有小学校；双路铺街居民不足千人，商业网点极少，造成了该厂职工生活物资供应困难、子女上学艰难及厂区治安复杂等问题，这些问题影响了职工的正常生产生活。1973年9月，国务院、中央军委在京召开"四川省12个重点企业情况汇报会"，出席会议的大足汽车制造厂负责人就上述问题作了专题汇报，并建议在该厂所在地设置一个行政区，归重庆市直接领导。

1974年2月2日，四川省革委会向国务院呈报了《关于建立大足汽车制造厂行政区由重庆市直辖的请示报告》，报告除对上述问题作了如实反映外，还称大足汽车制造厂是生产重型越野汽车的全国"独生子"工厂，希望让大足汽车厂的愿望得以实现。12月22日，国务院下文批复："同意试行建立大足汽车制造厂行政区，划归重庆市直辖，其区域包括大足汽车制造厂所在地的双路公社全部和上桥、元通公社6个大队，名为双桥区。"

1975年2月18日，中共四川省委召集重庆市委、双桥区筹建领导小组，江津地委及大足县委负责人会议，确定了移交工作的基本原则，3月12日，重庆市双桥区正式成立。国家专门为一家企业划定一个行政区，这在世界工业发展史上也是不多见的。

① 四川汽车制造厂生产车间
② 四川汽车制造厂生产车间
③ 四川汽车制造厂生产车间
④ 四川汽车制造厂生产车间

川汽厂建设共分五个阶段。第一阶段是1965—1966年。1965年2月，为了统一领导川汽厂工业基地的建设，一机部批准组建了中国汽车工业公司重庆分公司，下辖川汽厂、重庆油泵油嘴厂、重庆新建机械厂、贵州汽车厂。工厂迁至大足后，川汽厂建设指挥旋即成立，随后，川汽厂合并到中汽公司重庆分公司，并更名为四川汽车制造厂。

第二阶段是1967—1976年。1967年3月，因受"文化大革命"的影响，先后由7304部队江津军分区对中汽公司重庆分公司及4个专业厂实行军事管理。1974年2月，"北京会议"结束后，中共中央组织部副部长杨以希、中汽公司副总经理张兴业被任命为国务院联络员派驻大足汽车总厂，不久，杨以希任中共重庆市委书记兼大足汽车制造总厂临时党委书记，至1976年底。

第三阶段是1977—1983年。1977年3月，重庆市委决定成立四川重型汽车制造公司，隶属重庆市，驻双桥区大足汽车制造厂。公司负责对大足汽车制造厂、綦江齿轮厂、重庆汽车发动机厂、重庆汽车配件厂、重庆油泵油嘴厂、重庆红岩汽车弹簧厂、重庆文革标准件厂、重庆汽研所等单位进行统一领导。1980年8月，国家一机部汽车总局批复，恢复使用四川汽车制造厂名称，并由一机部汽车总局管理。

第四阶段是1984—1989年。为改革我国汽车工业"缺重"之局面，国务院决定组建中国重型汽车工业企业联合

① ②

公司，后改为中国重汽集团公司，负责引进奥地利斯太尔重型汽车项目，川汽厂与济汽厂、陕汽厂作为重联公司的主机厂，隶属机械部中国汽车工业总公司领导，1986年，国家计委通知重联公司，实行国家计划单列。

第五个阶段是1990—2000年。1990年，中汽总公司不再行使行业管理，川汽厂属重汽集团，受国家机械部直接领导。1998年机械部撤销，重汽集团直属国家经贸委领导。2000年，国务院第74次办公会决定，将重汽集团分为三部分，分别下放给山东省、陕西省、重庆市管理。9月，重庆市政府决定，成立重汽集团，以川汽厂为母公司，綦江齿轮厂、卡福零部件公司、红岩汽车弹簧厂、康明斯发动机公司等为其子企业。

① 四川汽车制造厂生产车间
② 四川汽车制造厂生产车间
③ 车间工人正在精心操作
④ 车间工人正在精心操作

三

　　川汽厂的初步设计和工艺设计由一机部长春汽车工厂设计处负责；土建工程由一机部第一设计院负责；勘测由一机部西南勘测大队负责；施工设计则由长春汽车工厂设计处第一设计院和重庆建工学院联合设计。为简化设计，后来又将四川汽车铸钢厂、重庆汽车分公司、重型汽车研究所的设计合并进行。

　　为了实现三年建成的总体要求，工艺设计从1965年8月开始，是年11月7—10日在大足邮亭铺召开设计审查会。12月4日，一机部"(65)机汽字2030号"文件批准了扩初设计。文中核定川汽厂生产重型汽车1050辆，其中6吨越野车400辆，10吨自卸车400辆，50吨半挂车200辆，25吨自卸车50辆，

① 四川汽车制造厂老的生产线
② 四川汽车制造厂老的生产线
③ 四川汽车制造厂老的生产线拆迁中
④ 四川汽车制造厂老的生产线

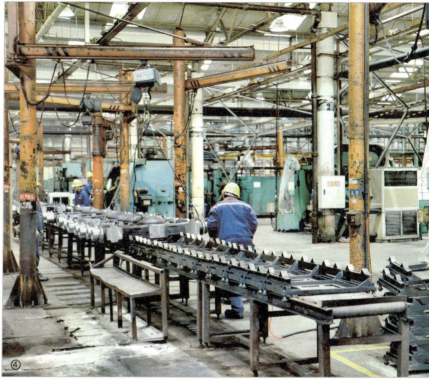

总投资 9640 万元。厂区建筑面积 10.3 万平方米。工艺装备 1901 台，其中新增 1683 台，职工 4150 人。

工厂建设工程包括 5 个主体厂房和其他生产性辅助设施，共 50 个单位工程。其中一号厂房 33228 平方米。设冲压、焊接、油漆、总装 4 个车间和协作仓库。二号厂房 5760 平方米，设计试制车间、工艺试验室、建筑及耐火材料库、杂品库、油漆库、轮胎库。3 号厂房 16776 平方米，设置 1、2、3、4 车间，机加工辅助车间。备品库、毛坯库。4 号厂房 7766 平方米，设工具车间、机修车间、中央工具库、模具库、中央备件库、计量室。铸钢厂房 16243 平方米，内设铸钢、清理、辅助 3 个车间和综合仓库、氧气站、乙炔站、压缩空气站等。

川汽厂生活福利建设的 3 个片区都是就地取材建的"干打垒"，2 号、3 号、4 号厂房附近为一片区，生活福利建筑 20807 平方米；1 号厂房附近为三片区，生活建筑 12146 平方米；四片区为生活福利建筑共 20052 平方米，其中生活区 18501 平方米。铸钢厂房及附属建筑为二片区，无生活福利建筑。

在大足县政府大力支持下，组织 3000 多民工，从 1965 年 10 月 1 日至 12 月 5 日，修筑碎石泥结公路一条 3.2 千米，自厂区至双路公社与大邮公路连接，其中建有长 54 米可通重型载重汽车的石桥一座。土建工程日用电 2700 ~ 3000 千瓦，初期利用柴油机组发电供给，永久性供电由永川中心桥变电站接至厂区。

①②

川汽厂划分为四个片区、依次推进。一片区为2、3、4厂房及附属建筑,生活福利设施;二片区为铸钢厂房及附属建筑;三片区为1号厂房及附属建筑、生活福利建筑;四片区为生活福利建筑。整个建设工程,所需物资为51万吨。除钢材、水泥、木材等物资由国家计划供应外,其余建材需要就地取材;砾石、精河沙用火车运抵邮亭铺车站,再用汽车转运至工地。

施工单位主要有建工部二局四公司一、二、四工程处。该局土石方公司三十四大队,安装公司四队,机械化施工公司吊装队。施工总人数为8860人,其中土建1940人,土石方施工队560人,安装队460人,机械吊装队240人,木材加工130人,铁件加工连130人,民工4400人。重庆建工学院半工半读学生1000人参加工程建设。

整个工程实行"集中力量打歼灭战"的方式推进。从1966年1月开始平基,到1967年3月,土建工程基本完成,总工期15个月。施工期分四个阶段。第一阶段从1965年12月至次年3月10日。主要完成了勘测、设计、厂外道路修筑、厂内"三通一平"。同时完成2号、4号厂房平基,1号、3号厂房深基础的灌注、打桩、完成预制场、搅拌站、木材加工的修建,完成临时工棚、储备材料、机械进场等工作。

第二阶段从1966年3月至6月。主要建成2号、4号厂房及生产配套项目,完成1号、3号厂房和铸钢厂房基础。完成全厂平基土石方工程,完成厂房全部预制构件和3号厂房部分预制构件。第三阶段，1966年7月至11月。重点完成了1号、3号厂房吊装及主体结构工程。第四阶段从1966年12月至次年2月，完成大部分设备安装和全部收尾工程。

1965—1984年，川汽厂为中国人民解放军生产"红岩"CQ261军用越野车，产品生产、销售全部按国家计划执行。1984年，国家实行了计划体制改革，对汽车实行指令性和指导性计划，工厂开始试制民用载重汽车。8月，"红岩"CQ30·290型18吨载重货车试制成功，当年100辆全部销往胜利、大庆油田，川汽厂从此走向市场。

1985年解放军裁军100万，总后勤部终止了CQ261军用汽车合同，迫使企业尽快转向市场，开发新产品，并进一步加强销售力量。是年川汽厂仅销

① 四川汽车制造厂老的生产线
② 四川汽车制造厂过去的生产车间
③ 四川汽车制造厂过去的生产车间
④ 四川汽车制造厂过去的生产车间

①

②

售 414 辆，年终积压 321 辆，企业亏损 484.2 万元。其后三年，川汽厂加大市场开发力度，开发出"红岩"CQ19·210型新产品，当年生产 38 台，且销售一空。1987 年，生产 806 台，实现利润 18.23 万元，川汽厂从此摆脱困境，走向市场，重获生机。

1998 年，面对一汽的重汽大批量投放市场的压力，川汽厂实施了"1998 营销年"战略，在全厂职工中开展"市场第一"的教育，并制定了"省内 24 小时、省外 48 小时"的服务标准。次年销售整车 2504 辆，实现销售收入 8 亿元，且赢得了大庆、大港、胜利、中原、江汉等油田的高度赞誉。至 2000 年，川汽厂共销售汽车 42978 辆。

1989 年，川汽厂设立出口办公室。1989—1995 年，相继出口菲律宾 CQ19210/JQ35A 牵引车等型号 313 辆；1991—1996 年相继出口印度尼西亚 CQ1260·01RL 等载货车 177 辆；1997 年出口老挝 CQ3260·02 自卸车 44 辆之后，红岩汽车分

巴山蜀水 三线建设

270

第二辑·重庆市三线建设掠影·卷三

① 重庆三线两会走进川汽厂
② 重庆三线两会走进川汽厂
③ 重庆三线两会走进川汽厂
④ 重庆三线两会走进川汽厂

①

别出口俄罗斯、秘鲁、沙特、泰国、乌干达等19个国家，累计841辆，创汇为3066.86万美元。

四

　　三线建设，重庆是重点之中的重点，包括"大三线""小三线""民用三线"在内，重庆有众多的三线企业资源。从去年五一到现在，重庆三线两会深入实际，考察调研了近400家企业，像川汽厂、青山厂及原六机部所属的企业，大部分能够借国家三线建设的相关政策支撑，越做越强，越做越大。我们仔细研判了一下，它们的一个共同点就是：不断超越自己，不断研发新产品投入市场。

　　面对严酷的市场竞争，不少三线企业倒下了，而倒下的方式各有各的不同，各有各存在的问题。建党100周年后，重庆三线两会对未来的工作有一个愿景：第一步，我们要用三到四年的时间，把重庆地区和部分西南地区的三线企业及单位跑它1000家，摸清楚基本情况；第二步，积极调动各方力量，搭建一个资源整合平台；第三步则是引入民营资本，利用各自的优势，努力在现代农业机械等方面接地气、冒热气地建立融合发展平台。

① 重庆三线两会第二次
　 前往川汽厂考察调研
② 重庆三线两会第二次
　 前往川汽厂考察调研
③ 重庆三线两会第二次
　 前往川汽厂考察调研
④ 重庆三线两会第二次
　 前往川汽厂考察调研

第02节 重型汽车研究所

1965 年，在创建四川汽车制造厂的同时，由一机部统一安排，重型汽车研究所从吉林省长春市迁往四川省大足县的双路公社，投资概算及扩初设计纳入四川汽车制造厂总体方案之中，计划人员名额为 250 人。"文革"中，四

川汽车制造厂的隶属关系几经变更，但重型汽车研究所一直与该厂合并办公，具体负责法国贝利埃重型汽车的生产技术引进、消化和新产品开发及工艺技术的管理工作。

1964 年，国防科委"(64) 专业字 275 号"文件，对

8吨越野汽车的设计制造提出具体要求。为此，中汽公司组织论证，经国务院批准，引进法国贝利埃公司4种车型的汽车制造技术，引进软件费用730万美元。贝利埃公司提供知识产权2435项，其中4种车型资料2195项，其余为通用技术资料。这些资料均由重型汽车研究所统一管理。

由于国防建设之急需，首先安排试制生产6吨军用越野车"红岩"CQ260型。因此，重型汽车研究所首先集中全部力量消化GCH产品图纸。但法国工艺文件因法国的生产设备和生产条件与我国不同，这些文件只能作参考，利用率相当有限。就此，重型汽车研究所技术人员克服了重重困难，夜以继日地翻译，及时消化文件资料和吸收其设计和制造工艺的精华。

① 三线建设时期的重型汽车研究所
② 三线建设时期的重型汽车研究所
③ 三线建设时期的重型汽车研究所中试车间

①

②

1966年6月，重型汽车研究所和四川汽车制造厂团结一心，经过艰苦的努力，在綦江齿轮厂终于完成了两辆"红岩"CQ260型越野车的试制工作，从而宣告了红岩汽车的诞生。其后，"文革"开始，工厂随即处于半瘫痪状况，重型汽车研究所的广大工程技术人员，也被打成了"臭老九"，受到压制和迫害，生活条件极为艰苦。但广大重型汽车研究所科技人员，为了国防建设的需要，为了发展中国的重汽工业，他们在逆境中不计个人得失，坚持努力消化、吸收贝利埃公司的技术，积极自主研制国产重型汽车。自1965年至1976年，重型汽车研究所先后试制出6种车型，其中CQ260、CQ261投入了批量生产，成为国防建设和经济建设当中的急需车型。

① 三线建设时期的重型汽车研究所中试车间
② 三线建设时期的重型汽车研究所试车场
③ 重型汽车研究所新办公楼
④ 重型汽车研究所新科研楼
⑤ 重型汽车研究所新科研楼

1977年3月，中共重庆市委决定成立四川重型汽车制造公司，重型汽车研究所与四川汽车制造厂分离，独立成了国家一级应用型科学研究单位。

1980年，一机部虽然批准恢复了四川汽车制造厂的名称，但重型汽车研究所却直接归口于一机部汽车总局直接领导。

1988年该所迁往重庆市沙坪坝区石桥铺，从而开始了三线建设之后新的征程和拓展。

① 重型汽车研究所生产车间
② 重型汽车研究所试车场

第03节　龙水湖水库及川汽厂供水站

龙水湖水库位于大足县原土桥乡和双桥区通桥镇之间，总库容1640万立方米，属中型人工湖水库。龙水湖于1959年由大足县组织龙水区、邮亭区2000多农工建成。其自然积雨面积14.5平方千米，主坝高12.5米，占地3200亩；干渠两条总长19850米，灌面2.2万亩，为四川汽车制造厂提供全部生产和生活用水水源。

龙水湖风情图

四川汽车制造厂刚开建时，测算最高日用水量为1300吨，随即工程建设者在农工大桥筑有一水坝，引龙水湖库容以专用水泵及管道输送。随后的厂区用水1600吨／日，则利用巴岳山云台寺的水源，修建了1250吨高位水池2座。同时抓紧修建了龙水湖至厂区的供水站及供水管道。

1965年，四川汽车制造厂在龙水湖一侧的新民大队境内建设的供水站，设抽水泵房1座，装机容量2000千瓦，敷设400毫米输水管3000米，并在厂区内设一水塔供水。从1975年开始，四川汽车制造厂范围的生产和生活用水，以及双桥区区属机关、企事业单位的供水工作，均由川汽厂自备水厂供给。

① 川汽厂供水站远眺
② 龙水湖及川汽厂供水站
③ 龙水湖－小船悠悠中

第04节 重庆红岩重型汽车博物馆

随着社会经济的发展，经国务院批准，原来重庆所属的大足县及双桥区合并，成立大足区。在我们心里，大足区有两个地标性符号，一个是世界文化遗产——大足石刻，另一个就是具有世界工业遗址潜质的原四川汽车制造厂。由于所谓的三线调整，经过资源整合之后，原四川汽车制造厂搬到了重庆市的新经济增长极——两江新区，那么留

重庆红岩重型汽车博物馆外景

下来的原厂遗址怎么使用呢?

重庆幅员 8.3 万平方千米,人口 3002 万人,所辖 38 个区县,大足区相对而言 GDP 是比较靠后的。但我们没有想到的是,新设立的大足区党政领导没有忘记三线建设那段历史给本区区域经济的发展带来的启蒙和引领作用,他们毅然拿出 5000 万元,投资建设了近几年整个重庆市投资规模最大、工业文化底蕴最为厚实的重庆红岩重型汽车博物馆(下文简称"红岩重汽博物馆")。

红岩重汽博物馆位于双桥经开区市民文化中心,有游客中心、陈列展览区、互动体验区、行政管理区和文物库房等。陈列展览区分为室内展馆和室外展馆两部分,共收集文物、文史、

① 重庆红岩重型汽车博物馆开馆活动
② 重庆红岩重型汽车博物馆开馆活动
③ 重庆红岩重型汽车博物馆开馆活动
④ 考察组一行在重庆红岩重型汽车博物馆参观考察
⑤ 考察组一行在重庆红岩重型汽车博物馆参观考察

④

⑤

①

②

文献资料、工业遗产 8000 余件（套），图片 12000 张，口述历史视频 35 人，共 228 分钟。

2021 年 5 月至 2022 年 11 月的 18 个月时期内，重庆三线两会组团去了 6 次川汽厂原址。与其说是考察四川汽车制造厂，不如说是去助力红岩重汽博物馆的建设：有区县文旅口主要负责人参与的两次研讨会，有多次的区委宣传部长及随员参加的沟通交流……全国三线建设实训基地及三线建设军民融合发展研究中心已落户红岩重汽博物馆。

① 考察组一行在重庆红岩重型汽车博物馆参观考察
② 博物馆典藏的巨型水压机